表現の自由vs.イスラム的信仰

ムハンマドよ、パリは燃えているか。

公開霊言シリーズ

大川隆

RYUHO OKAWA

まえがき

過激である。今までに収録したムハンマドの霊言の中では最も過激である。しかし、これも大多数のイスラム教徒の感じているところを本心で述べただけかもしれない。

文明の衝突には誤解が生じやすい。文化的偏見から相手に対する悪意も生じやすい。

幸福の科学の立場は、世界史上、大宗教になったところは、ある程度受け容れながらも、異なるところを合理的に理解していこうとアプローチする点にある。

キリスト教が悪魔の教えでないのと同様、イスラム教も悪魔の教えではない。テロに対する怒りから、パリが憎悪の炎で激しく燃えているのはよく分かるが、ムハンマドのほうも決して「シャルリー・エブド」紙の風刺漫画を許してはいない。こちらも天をも焦がす勢いで怒っている。

私はイエスの意見も、ムハンマドの意見も聞ける立場にある。本書を一方的な価値判断の押しつけとは思わず、異文化理解への架橋の書だと思ってほしい。

二〇一五年　一月十六日

幸福の科学グループ創始者兼総裁　大川隆法

ムハンマドよ、パリは燃えているか。
――表現の自由vs.イスラム的信仰――

目次

ムハンマドよ、パリは燃えているか。
――表現の自由vs.イスラム的信仰(しんこう)――

二〇一五年一月十五日　霊示(れいじ)
東京都・幸福の科学総合本部にて

「霊言現象」とは、あの世の霊存在の言葉を語り下ろす現象のことをいう。これは高度な悟りを開いた者に特有のものであり、「霊媒現象」（トランス状態になって意識を失い、霊が一方的にしゃべる現象）とは異なる。外国人霊の霊言の場合には、霊言現象を行う者の言語中枢から、必要な言葉を選び出し、日本語で語ることも可能である。

なお、「霊言」は、あくまでも霊人の意見であり、幸福の科学グループとしての見解と矛盾する内容を含む場合がある点、付記しておきたい。

ムハンマドよ、パリは燃えているか。
——表現の自由VS.イスラム的信仰(しんこう)——

二〇一五年一月十五日　霊示(れいじ)
東京都・幸福の科学総合本部にて

ムハンマド〔マホメット〕（五七〇ころ〜六三二）

イスラム教の開祖。メッカのクライシュ族の名門ハシム家に生まれ、青年期には隊商をしていた。二十五歳で裕福な未亡人ハディージャと結婚し、四十歳のときにヒラー山の洞窟でアッラーの啓示を受ける。厳格な一神教を唱え、偶像崇拝を否定したために迫害を受け、メジナに逃れる（ヒジュラ）。六三〇年、メッカを占領し、アラビア半島を統一した。八次元如来界の光の大指導霊（『黄金の法』〔幸福の科学出版刊〕第5章参照）。

質問者　※質問順

綾織次郎（幸福の科学上級理事　兼「ザ・リバティ」編集長）

武川一広（幸福の科学国際本部国際広報局長）

市川和博（幸福の科学専務理事　兼　国際本部長）

［役職は収録時点のもの］

1　パリのテロ事件に対するムハンマドの意見を訊く

「パリの新聞社襲撃テロ事件」にはどんな背景があるのか

大川隆法　本日の霊言は、特に予定していなかったものではありますが、フランスのほうがだんだん騒がしくなってきています。当会としては、黙っていてもよいのですが、これから次第に大きくなっていきそうな感じがありますし、今年の始まりとしてのイメージがかなり強くなってきました。当会は、調停ではありませんが、イスラム側と欧米側の両方を考慮することができる立場にはあるので、独自に考えを整理してみようかと思っています。

ただ、最近はイスラム関係の動きが激しいため、なかなかつかみづらく、全容を説明できる方はあまりいないのではないでしょうか。

事件性のあるものが多いとは思いますが、いろいろなことが起きています。

（綾織に）今回の事件については、ジャーナリスティックに要約してもらったほうがよろしいでしょう。私は「何人が、どこで死んだ」というような、あまり詳しいことは知らない状況です。

綾織　私も細かいところを押さえているわけではないのですけれども……。

まず、シャルリー・エブドというフランスの新聞社が、これまで何度も、ムハンマドの風刺画というのを載せてきたわけです。

今回、直接的に影響が出たのは、去年の十月に、「過激派が、『黙れ、異教徒』ということで、ムハンマドを惨殺する」という絵を描いて載せたことです。

大川隆法　ああ、惨殺するという絵を描いたわけですか。

綾織　それが、直接的な影響です。つまり、「『イスラム国』が、人質を殺害している」ということについて、被害者をムハンマドとして描いたのが、直接的な影響を与えているところでしょう。

また、これまでに何度も、そういう風刺画を描いてきたので、それに対して、ある意味での報復的な襲撃を今年（二〇一五年）一月の頭に行ったと思われます。

なお、今回の犯人は、中東への渡航歴があり、イエメンで軍事的な訓練を受けたようなので、中東とのつながりがあるわけです。

さらに、今回の事件後に犯行声明を出したのが、アラビア半島のアルカイダで、「組織的に今回の事件を起こした」ということを表明しています。そのため、イスラム過激派の組織的な動きが背景にあるであろうと言われているわけです。

これに対して、フランスだけではなくて、欧米圏で、反イスラム運動的な動きが起きているというところです。

「表現の自由」と「信教の自由」をめぐる難しい関係

大川隆法　まあ、今朝のＣＮＮによれば、「犯人は、イエメン系のアルカイダに属していらしい」ということを言っていました。

イエメン系のアルカイダが、ほかのアルカイダとどう違うのかは、私も、もうひとつ理解はできていません。ただ、「イエメンが出てきたか」という感じがします。

とにかく、直接的な引き金は「風刺画」なのだろうとは思いますが、その風刺画についても、メディアによって載せているところと載せていないところがあるので、よく分からないところがあります。

例えば、日本でそれを転載したのは、東京新聞と産経新聞、日経新聞だけです。

朝日、読売、毎日は載せませんでした。おそらく、テロの被害が及ぶのを恐れたためと、宗教的感情等を害する恐れがあるというようなことで自粛したのでしょう。

ただ、東京新聞と産経新聞、日経新聞は、なぜか載せたわけです。

また、アメリカでも、どちらかといえば、宗教的なものに対しては抑制的で、載せないところが多かったのですが、ワシントンポスト等は載せたようではあります。

確かに、風刺画を載せないと、いったい何に対して怒っているのか分からないでしょうから、転載する必要も、ある意味ではあるかもしれません。しかし、載せたら同じく、「自分のところを挑発した」と受け取られて、危害が及ぶ恐れもあります。そのため、メディアも右往左往している状況ではないかという感じがします。

とにかく、われわれから見ていても、真相を知りたいような気もしますし、その一方、「あまり、あちこちに飛び火したら、かえって悪いのかな」という気もします。

SANKEI EXPRESS
CONTENTS
「不屈」「挑発」預言者風刺画掲載に賛否
仏紙銃撃後初の発行、500万部に

フランスのシャルリー・エブドが掲載した風刺画問題をめぐる一連の報道において、日本の新聞各社では対応が分かれた。（右：2015年1月15日付「SANKEI EXPRESS」〈産経新聞社発行〉）

そのあたりは難しいところでしょう。

特に、「表現の自由」「言論の自由」に対して、宗教的には「信教の自由」の面があって、この関係には難しいものがあるわけです。

言論、表現の自由については、「政治に関してはかなり開放的でも、宗教に対しては慎む」という態度を取っている国もあれば、「政治に対しても宗教に対しても容赦ない」という国もあり、多少、違いがあるようです。

フランスでは、今、「政治や宗教に対しても特別視はせず、両方とも、真の民主主義のためには、表現・言論の自由の牽制を十分に受けるべきだ」といった考えを持っているようですが、そのことと、最近のフランスのやや無神論的な風潮とは、おそらく関係があるのではないかと思っています。フランスでは、イスラム教徒のスカーフの着用をめぐっての争いもずいぶん起きていたので、このあたりが前哨戦になっているのではないかと感じます。

イスラム教徒のなかにも考え方に違(ちが)いがある

大川隆法　一方、昨年（二〇一四年）末にノーベル平和賞を取った十七歳(さい)の少女マララさんも、今、イギリスに逃(に)げてきており、「今年の夏休みには故郷(ふるさと)のパキスタンに帰りたい」などと言っていましたが、すでに、「帰ってきたら暗殺する」というような声明まで出されているような状況であり、なかなか混沌(こんとん)としています。

このように、必ずしも、イスラム信仰(しんこう)があるから戦っているというわけではなく、イスラム信仰のなかにも考え方に違(ちが)いがあるようです。

「初期の考え方に近い『原理主義』といわれるものと、そうでないものとの考えの違いがある」とも言われていますが、明治維新(いしん)で言うと、「攘夷(じょうい)か、開国か」という「尊王(そんのう)攘夷派 対 開国派」のような、少々ややこしい感じに似たようなところもあります。今、テロを起こしているのは「攘夷派」のような感じがしなくもありません。一方、「尊王」ではないものの、尊王の側に相当する部分が原理主義的なイスラム信仰なのかもしれないという気もするので、やや微妙で読み切れない部分があります。

もちろん、その根本にあるのは、イラク戦争でサダム・フセイン政権が倒されたところあたりにあります。

フセインはスンニ派●でしたが、イラクにおけるアラブ人のなかで、スンニ派自体は少数派で二割程度の勢力であり、シーア派が六割、クルド人が二割ぐらいだったと思います。それまで支配していたスンニ派が倒れてからシーア派のほうが盛り返してきて、今、スンニ派のほうは追い込まれているため、自分たちの自由の領域を新たにつくろうとして、中東での動きを活発化しているわけです。

このようなゲリラやテロが活発化している背景には、そういう状況下で、アメリカのオバマ政権がイラクから撤兵し、アフガンからも退いていったように、イスラム圏から退いていったことの影響があったのではないかと思います。

また、各地でテロが起き始めるなどして、先進国のほうとしても、「多少厳しく

●**スンニ派とシーア派**　イスラム教の二大宗派。ムハンマドの言行録である『ハディース』を行動規範として重視するスンニ派に対し、シーア派はムハンマドに連なる血統の最高指導者（イマーム）を重視し、イスラム教４代目カリフであるアリー・イブン・アビー・ターリブを初代イマームとしている。

接しなければいけないのではないか」というようになってきています。

今回は、いちおう風刺画をターゲッティングされたものではありますが、実際の理由は、おそらく、北アフリカや中東あたりのイスラム系過激派と目(もく)される一派への、フランス軍による空爆(くうばく)等の攻撃(こうげき)に対する反撃だろうと見られています。

その反撃の象徴(しょうちょう)として、週に一回の発行をしている、それほど大きくはない週刊新聞社の風刺画をターゲッティングして攻撃したと推定されます。

ムハンマドの風刺画(ふうしが)をまたも載(の)せてきたフランス週刊紙

大川隆法　しかし、週に一回、六万部ぐらい発行していた新聞社が、今回、二週間ぶりに立ち直って出す号を三百万部刷ったところ、すぐ売り切れになったため、さらに増刷をかけて計五百万部発行し、それも手に入れるのに一時間もかかるほど並ばなければいけないという状態となりました。

そのなかで反イスラムの連帯が出てきつつあり、フランスだけでなく、ヨーロッパも含んだほかのところも「テロと戦う」ということで、各国の要人もフランスへ入って百万人デモをしたりしました。

それで、「六万部の週刊新聞が、五百万部出る」とかいうようなことですが、今度は、ムハンマドが涙を流して、「私も、シャルリー（新聞社）の一員だ」というプラカードみたいなものを付けて、デモをしているような風刺画を描いてあるらしいのです。手には入っていませんけれども、報道によればそうらしいのです。

これは、ある意味では、特殊な過激派だけが対象ではない、イスラム全体に対する挑戦のようにも見えるだろうとは思います。ですから、もうすでに、一部、エジプトやほかのところからも抗議の声が上がってきています。

他方、イスラム教国としてはナンバーツーのパキスタンなどでは、「いやいや、これは、イスラム全体に対するものではなくて、過激派に対する考え方なんだ」というように、やや引いて、西洋ともうまくやっていこうとしているようなところもあります。

動きはいろいろですが、「ムハンマドが泣いているシーンを今回載せて、五百万部を刷った」というあたりで、〝眠っているところ〟あたりも掘り起こしてくる可能性はあると思います。

ですから、実際に、ムハンマドが泣いているのか、泣いていないのか。このあたりは、やはり少し、宗教的にも関心があるところです。これは、（ムハンマドがイスラム教の）責任者として追及を受けるべきであろうかと思います。

当会も、それによって銃撃されると、少し危険です。やや装備が要るようになるかもしれません。

内容が危険になると、袋とじにするとか、ビニール巻きにするとか、内部出版にするとか、だんだん、手を考えなくてはいけないかもしれないし、出せないかもしれません。「『ザ・リバティ』で、脚色して一部のみを載せる」などということになるかもしれませんが、「真実を知りたい」という感じはあります。どうなのでしょう。「何が今、起きようとしているのか」というところです。

ムハンマド自身は今回のテロをどう見ているのか

大川隆法　イスラム系では、「イスラム国」の問題も、やはりあります。「ISIS（アイシス）／ISIL（アイシル）」という、おそらく、スンニ派の独立運動の一部だろうとは思いますが、その組織が国をつくろうとしています。

また、アフリカでは、「ボコ・ハラム」なども、この前、二百数十人もの女子学生をさらったりして、「女は売り飛ばす！」とか、「女は教育を受ける必要はない」とか言ったりもしています。このへんは、去年のノーベル平和賞を受けたマララさんとも関係があるかもしれません。

イスラムの女性弾圧（だんあつ）、人権弾圧的なところは、欧米的価値観にかなりアピールする面もありますが、昔の伝統的なイスラムの考えを守る、いわゆる保守派なのです。保守派が過激派になっているようなところが少しあるわけです。

また、アルカイダもよく分かりません。オサマ・ビン・ラディンあたりから始まったもので、「基地」を意味するらしいのですが、だいたいは、神学生たちを養成するあたりから始まっているようではありません。これも何十カ国にも散らばっていますので、このへんの関係は、全体的には、すっきりとはよく分かりません。

そのように、イスラム国の問題も、ボコ・ハラムの問題も大きいと思いますが、今回は、「イエメン系のアルカイダ」と称しています。これが、イエメンではない、ほかのアルカイダとはどんな関係にあるのかは、まだ十分には私も分かりません。アルカイダ同士でも、対立しているのかどうかが、少し分からないところで、実に難しいのです。

さらに、シーア派、スンニ派、あるいは、欧米に少し色付けられているところもあるのだと思います。

トルコなどはそのように見えていたのですが、今回は、トルコあたりもかなり絡んできていますし、この前は、トルコでも自爆テロがあったようですから、「トルコ辺りも、それほど安全ではなくなってきたのかな」という感じがします。ですから、「ＥＵ内部の問題にもなってきつつあるのかな」という感じが、今、してきているところです。

どのへんまで調べたら許してもらえるかが分からないのですが、どうでしょうか。徹底的に、ほとんどのところを調べてしまいますか。

綾織　ムハンマドがどのようなかかわり具合をしているのか……。

大川隆法　少なくとも、関係ないとしても、「今回のテロをどう見ているか」というところが重要でしょうね。

綾織　はい。

大川隆法　「涙を流して、『悪いことをした』と思っているか、いや、そうは思っていないのか」というところあたりも、重要なところですね。

日本で幸福の科学も経験したマスコミによる攻撃（こうげき）

大川隆法　それから、週刊の新聞紙の名前も、「シャリア」という、イスラム法か何かの意味を皮肉ってつくった題にしたこともありましたね。

綾織　ええ、「シャリア・エブド」という紙名に変えた号まで出しました（注。「シャルリー・エブド」紙は、二〇一一年十一月にもムハンマドの風刺漫画を掲載。「イスラム法」を意味する「シャリア」にかけて、「シャリア・エブド」という紙名を表紙に併記した）。

大川隆法　わざわざ変えたのですね。

綾織　はい、そうです。

大川隆法　だから、挑発していると言えば、挑発しているのです。これが、日本でいうと、廃刊になった雑誌「噂の真相」的なものなのかどうか。

もし、そのようなものであれば、確かに、「表現の自由」としてよいのかどうか分かりません。「噂の真相」は、ちょっと噂を聞いただけで、たくさん書いたりしていました。いろいろな人が、裏付けもなく書かれているものもありましたが、このあたりに対しては、私たちも微妙な感情を持っています。

私たちも、「表現の自由」や「言論の自由」を行使していますけれども、過去には、宗教に対する批判や攻撃を受けたこともありますので、微妙な感触は持っています。

例えば、一九九一年ごろには、当会も、フライデー事件等で大手のマスコミとも戦ったことがあります。

そのころ、某週刊誌に、高橋春男さんという漫画家が、四コマ漫画を描いていたのですが、そこに大川隆法も登場しました。確か、私が腕まくりをして講談社に殴(なぐ)りかかろうとしているもので、「まあ、まあ、まあ、まあ。大川さん、抑(おさ)えて、抑えて」というような四コマ漫画でしたが(笑)、そういうものが載(の)ったこともありました。それも今回と同じような状況(じょうきょう)かもしれません。

その後、高橋春男さんのところに、幸福の科学を名乗る電話が何本かあったそうですが、「実は、すべて友達のいたずらだった」というようなことを、高橋さん自身が書いていました。「四、五本ぐらい電話があって、朝っぱらからかかってきたものもあった。『幸福の科学の者だが、高橋春男さんはいますか』と言っていたが、みんな友達がいたずらでかけてきたもので、幸福の科学からは一本もなかった」と本人が書いていましたから、なかったのだと思います。まあ、日本というのは、そういうところがあるので、ややこしいですけれどもね。

ただ、当会は、そんなことで脅(おど)したりはしないと思います。ほかには、するところもあるかもしれませんが、当会はしません。

宗教とマスコミの微妙な関係も含め、ムハンマドに訊く

大川隆法　また、当時、妙なところからほめられたこともあります。景山民夫さんが、まだ、ご在世だったころですが、スポーツ紙か何かのインタビューで、彼が、私の第一印象について語っていたのです。「大川さんの第一印象は、プロレスラーのジャンボ鶴田に似てるなあっていうものだった」と景山さんが述べているのが載っていて、「こういうところは、幸福の科学が、ほかの宗教と違うところです」というようなことが解説で書いてありました（会場笑）。

まあ、好意的に書いてくれたのかどうか、よく分かりませんが、「『ジャンボ鶴田に似ている』と書いても、怒らない宗教ではある」というようには認めてくれていたので、そのようには見られていたのだろうと思います。

確かに、当会は、一般的に、すぐに激昂するほどの宗教ではありません。思想、信条において、宗教的な立場と、法律的な立場からの「言論や表現の自由」「報道

の自由」等で守られる民主主義的な価値観との、両方を比較衡量した上で、怒らなくてはいけないと思うときには批判します。ただ、「このくらいは甘受しなくてはいけない」と思うところは、甘受するところもあるのです。

もちろん、教団の規模相応に変化したところはあるでしょう。昔よりも、やや胆力が増してきていることは事実ですし、「週刊新潮」等が当会をからかう記事を書いても、見出しなどは、遠回しに書くようなことが増えてきたようです。大川隆法をいじめると怖いからか、「釈量子がまた落選して、供託金を寄付するらしい」と、幸福実現党の党首のほうに、だんだん移ってきています。

あるいは、STAP細胞で取り上げられた方の記事について、「唯一の味方」という感じの題を出し、中身を読まないとどこか分からないように書いてあったりもするのです。

そのように遠回しに書き始めているので、少し腰が引けているようには思います。ただ、私には、それほど怒る気はないですし、もしかしたら、腰が引けているだけではなくて、記事を一つ書くと、本が一冊返ってきたりするから嫌がっているのかもしれません（笑）（会場笑）。「弓矢の矢を一本撃ったら、ミサイルが一本返ってくる」というようなことが嫌で、「ほどほどにしないと、これはたまらん」と思っているのかもしれないのですが、そのあたりはよく分からないところがあります（『「週刊新潮」に巣くう悪魔の研究』『徹底霊査「週刊新潮」編集長・悪魔の放射汚染』『人間失格―新潮社 佐藤隆信社長・破壊への暴走』『「仏説・降魔経」現象編―「新潮の悪魔」をパトリオットする』〔いずれも幸福の科学出版刊〕参照）。

やはり、宗教とマスコミの間には微妙な緊張関係もあるし、共通している面もあるでしょう。当会も、言いたいことはあるので、それが載せてもらえるということはありがたいことであるので、両方あるかなと思っています。

私のほうの立場は、今のところ〝無色〟で行きたいとは考えています。

では、呼んでみましょうか。（質問者に）質問をお願いします。

それでは、イスラム教の開祖ムハンマドを、幸福の科学総合本部にお呼びいたしまして、この度のフランスでの事件が世界的に広がろうとしていますけれども、どのように見ておられるのかをお伺いいたします。その周辺の事情も含めて、さまざまな質問に答えてください。

われわれに宗教的な誤解を解く力があるならば、それにご奉仕したいと思いますし、あるいは、イスラム教のほうで改善すべきところがあると考えておられるのならば、そういう意見も率直に言ってくだされば幸いです。

イスラム教の開祖ムハンマドの霊よ。

どうか、幸福の科学総合本部に降りたまいて、われらにそのご本心を明かしたまえ。お願いいたします。

（約十秒間の沈黙）

2 「風刺画(ふうしが)」に対して怒(おこ)るムハンマド

「泣いているのは遺族であって、私が泣く理由はない」

ムハンマド　うん、うん。

綾織　こんにちは。

ムハンマド　うん。

綾織　本日は、たいへん世界が騒(さわ)がしくなっているなか、幸福の科学総合本部にお出(い)でくださいまして、まことにありがとうございます。

ムハンマド　これは被告席かな?

綾織　いえ、そんなことはないと思います。

ムハンマド　うん?

綾織　やはり、「今回の事件が起こった後、ムハンマド様が何をお考えになっているのか」ということに関しては、世界的に非常に関心が高いところですから、被告とかそういうことではなくて……、まあ、私はメディアの人間ですので、シンプルにお考えをお伺いしたいという気持ちを持っています。

ムハンマド　うーん。うん……。

綾織　では……。

ムハンマド　何？「殺していいかどうか」とかいうこと？

綾織　いえいえ（苦笑）。

ムハンマド　そうじゃなくて？

綾織　そのあたりは、追い追い、お伺いしていきたいと思います。

ムハンマド　うん。

綾織　まず最初に、「シャルリー・エブド」が最新号を出しまして、そこにムハンマド様（風刺画）が登場しているのですが……。

ムハンマド　うん、うん。

綾織　涙を流されていて……。

ムハンマド　なんで涙を流さないといかんわけ？

綾織　ああ、流していらっしゃらない？

ムハンマド　見たのか？

綾織　その作者は「そうであろう」と、想像をたくましくしたということでしょうけれども……。

ムハンマド　泣いとるのは（殺された人の）遺族だろうよ。

綾織　はい。それはそうですね。

ムハンマド　遺族が泣いとるんだろう？　当然、遺族は泣くだろうけどな。そのくらいは知ってるけど、わしが泣かないといかん理由はないじゃないか。

綾織　ない、と。

ムハンマド　ああ。なんで泣かないかんわけ？

綾織　さらに、そこでは、「私はシャルリー」というプラカードのようなものを持たれていて、さも新聞社側に立っているかのように描かれていました。

ムハンマド　そんなのおかしいんじゃないか？　やっぱり、それは不公平なんじゃないか？　「私はシャルリー」でもいいけど、「私はムハンマド」というのも同時にぶら下げて歩かないと。

綾織　はい。

ムハンマド　半々ぐらいで歩かないかんのじゃないか？

今回のテロは「フランス人がフランス人を殺したという話」

綾織　「私はシャルリー」という立場は、明確におかしいと言ってもよろしいでしょうか。

ムハンマド　だからさあ、もとは……、まあ、フランスも、空爆とか、いろいろ近代兵器を使って、イスラム教徒をいっぱい殺してるからねえ。ほかの国もそうだけど、今、やられてるから。あれに対抗できるだけの武器がイスラム系にはないからね。

綾織　ええ。

ムハンマド　だから、象徴的にやったんだろうけども。ただ、言っとくけど、事件を起こしたのはフランス人だからね。

綾織　はい。

ムハンマド　フランスに生まれて……、まあ、他国として、外国と戦争してたわけじゃないので。勝手に「戦争状態」と宣言するのは結構だけど、「フランス人がフランス人を殺した」っていう話だからね。

要するに、「フランス人が、フランス人の良心に照らして、イスラムを学んだ者として許しがたいと思ってやった」っていうことだから、こんなのは警察マターであって、国際的な問題とか軍事的な問題とかと一緒にするのは、問題があるのと違うかねえ。どうかね？

綾織　ええ。ただ、イエメンかどこかだったと思うのですが、軍事訓練も受けてきたと。

ムハンマド　そんなの勝手じゃないか。そのくらい勝手でしょう？

綾織　はあ。

ムハンマド　そのくらい勝手でしょう。いやあねえ、「十数人、死んだ」っていうんでしょう？

綾織　はい。そうです。

ムハンマド　それはまあ、殺されて地獄（じごく）に行くのは気の毒だとは思うけどね。だから、地獄の責め苦（く）で十何人と苦しんで、あと、まあ、遺族も地獄に行くんだろうし

（注。あくまでも霊人の見解である）、そら、かわいそうだとは思うが。
しかしだねえ、イスラムは、欧米の先進兵器で、もうボコボコにされてるのよ、あの街なあ。ときどき取材は来てるようだけど。コンクリートの塊だって、もう、粉々にされてるぐらいの〝あれ〟で、女子供もみんな殺されとるんだよ。あのへんを見ないといかんわなあ。

「イエスの風刺映画をつくっても、映画館は焼き討ちされる」

綾織　そうしますと、これまでのイラク戦争ですとかアフガン戦争、また、今では、イスラム国での戦争がありますが、こうしたものに対するトータルでの「報復」と言いますか、「戦争の一貫である」という認識なのですか。

ムハンマド　まあ、英米は……、欧米は関係ないだろうが。
自分らだってね、例えば、ローマ法王の風刺画なんかを載せられたら、テロをやるんじゃないの？　どうだ？

綾織　うーん……、テロまで行くかは分かりませんが。

ムハンマド　ローマ法王をからかって、描いてごらんよ。やるぞ、きっと。ローマ法王が嫌なら、イエス・キリストをやったらいいんだ。

　イエス・キリストに対してだって、変な風刺映画をつくったら、焼き討ちだろ？　な、一緒じゃないか？　やってることは。

綾織　焼き討ちまで行くかどうかは分からないんですが……。

ムハンマド　前の、「最後の誘惑」（一九八八年、アメリカ映画）のときに、映画館を焼いたじゃないか。

●「最後の誘惑」　イエスが十字架上で見る幻想シーンの描写が冒瀆的であるとして、公開当時、パリでは映画館の放火事件が発生、ロサンゼルスではデモ行進に２万人以上が参加するなど、欧米各地で激しい抗議が起き、公共機関が映画ポスターの掲示を拒否したり、上映中止の映画館が続出する事態となった。

綾織　ああ、そういう事件もありましたね。

ムハンマド　だろう?

綾織　はい。

ムハンマド　「イエスが誘惑にかかって、〝天使〟に助けられて十字架から降ろされ、それで、マグダラのマリアと結ばれました。その後、幸せな家庭を営んで、生涯を閉じました。子供もできました。マル」っていうのをやったら、映画館が焼き討ちになって、上映禁止になったじゃないか。それを見たら、一緒じゃないの? だから、信仰を持ってる者にとっては、一緒じゃない?

イスラム教徒にとっては、別に、イエスとムハンマドには、何の違いもないっていうか、まあ、「ムハンマドのほうが優秀だ」っていうのは、みんなが認めてることだからね。あとから来た者であるし、先の過ちを直す者であるからねえ。

「犯人を潰しただけで、明治維新の池田屋事件と一緒だ」

綾織　ただ、前提として、「イスラム教というのは、どういう宗教なのか」ということや「キリスト教国と、どのようにやっていくのか」ということを、言論において戦わせるのであれば、よいと思うのですが、ストレートに暴力で来ると、やはり、少し受け入れがたいところはあります。

ムハンマド　いや、小さいじゃないか。だって、犯人だけ撃ったんだろう？　犯人を潰しただけでしょ？　あれは、ほとんど、●池田屋の斬り込みと一緒だよ。悪い陰謀を企んでいるやつのところへ斬り込みをかけて、皆殺しにした。あんなもんだよ。明治維新で言えばな。

●池田屋事件　幕末に、京都の旅館・池田屋に潜伏していた尊王攘夷派の志士達を、沖田総司ら新撰組が襲撃した事件。

武川　いや、明治維新はそうだったかもしれませんが、今の時代において、「暴力に対して暴力で返す」「軍に対して軍事で返す」という発想に対しては、イスラムの方々自身も、やはり、少しがっかりしているところがありますし……。

ムハンマド　ああ、それは、イスラムにも問題があるんだよ。弱くなってるんだよ。結束しなきゃいけない、結束を。
　だから、イスラムは西洋化して、見返りをもらいすぎてねえ、向こうのお金とか物資につられとるんだ、だいぶな。いかんね。

武川　そういうこともあるかもしれませんが……。

ムハンマド　それから、「教育で負けてる」と思ってるところに間違いがあるのよ。

イスラムの教育がねえ、欧米に負けてると思ってるのよ。その劣等感のところに、付け込まれてるんだよ。

3　キリスト教への激しい批判

イスラムはもともと「平和と寛容の教え」ではないのか

武川　ただ、イスラムというのは、もともとは、「平和と寛容の教え」というようにお教えいただいていますし……。

ムハンマド　そのとおりですよ。悪魔以外に対してはね。

武川　ええ。ムハンマド様に対しても、そういう教えを説かれた方ということで、とても尊敬しておられるのですが、ムハンマド様から、「暴力に対しては暴力を」という言葉が出てくると……。

ムハンマド　あのねえ、発祥のことを、よく考えてほしいんだ。イスラムはねえ、「平和と寛容」なのよ。ただ、襲われてばっかりだったんだからさあ。だから、アメリカ・インディアンは白人に襲われて、もう、ほぼ絶滅になって、今は囲われて、〝絶滅危惧種〟としてインディアン居留区にいるんだろうけど、わしらはそうならなくて、白人（この場合、メッカの人々）のほうに反撃して、国を建てたんだよ。え？　だから、立場が違うからね。

武川　ただ、日本も、第二次世界大戦で、国が目茶苦茶になり……。

ムハンマド　ああ、負けたのが悪いんだ、負けたのが。勝ったらいいのよ。負けたら……。

武川　ただ、ゼロからまた立ち直って、やはり、一等国になりましたし、その国に、今、主が生まれておられます。

また、その啓蒙によって、教えによって、世界に「戦争や暴力の愚かさ」というものも教えていこうとしていますので、そうした方法もあるのではないかというように、私たちは信じています。

ムハンマド　あんたねえ、あんまり、欧米のキリスト教を持ち上げるなよ。ね？

キリスト教は、もう名ばかりなんだよ。教会っていうのはねえ、罪人だらけだから。

クリスチャンは罪人の山ですからね。基本的に、全員、罪人ですから。

だから、罪人が、週に一回、垢を落としにいく〝お風呂〟だ。お風呂屋、お風呂屋。風呂屋なんだよ、まあ、言えば。お風呂屋がキリスト教会。

あなたがたは教会を聖なる場所だと思ったら、間違いなんです。あれは風呂屋なんです。

だから、「週に一回、クリスチャンは風呂屋へ行って、垢を落とせ」と。「罪を拭い去らないと、人間としてまともになれない」っていう、これがキリスト教の習慣なんだよ。それ以上のもんじゃないんだよ。

イスラムでは女性が学校に行くのも「堕落」なのか

綾織　テロの部分なんですけれども……。

ムハンマド　悪魔に対しては、しょうがないでしょう。

綾織　仮に、それが、ある程度、正当性があるとしても、一方で、パキスタンでは学校を襲撃するという事件も起きています（注。二〇一四年十二月十六日には、イスラム過激派組織「パキスタン・タリバン運動」の武装集団が、パキスタン北西部ペシャワルの学校を襲撃。百四十人以上が死亡し、そのほとんどが児童・生徒だった)。

ムハンマド　それは、イスラム教の崩壊(ほうかい)を招くからね、そのままだったら(注。あくまでも霊人の意見である)。

綾織　おお。

ムハンマド　そら、そうでしょう。だって、「英国式の教育」なんか受けたら、そのうちやられるに決まってるじゃない。

綾織　はい。ただ、女性がその学校に通って……。

ムハンマド　それは〝堕落(だらく)〟だよ。

綾織　一緒に勉強すること自体が……。

ムハンマド　もう、完璧に堕落しますよ。

綾織　堕落なんですか？

ムハンマド　ええ？　それで娼婦になっていくんでしょ？　みんなねえ。

綾織　はあ。

ムハンマド　ああ。結婚前に娼婦になるんだ、みんな。ええ？

綾織　はあ（苦笑）。

ムハンマド　欧米の教えはな。もう、結婚前に、事実婚をいっぱい繰り返し繰り返し、くっついて離れ、くっつき離れして。あんなのねえ、神の道に反してますよ。

綾織　ただ、学校に行ったからといって、そうなるとは限らないと思うのですけれども。

ムハンマド　だから、顔を丸出しにしてバスに乗るなんて、そんな恥ずかしいことをするのは間違ってますよ。顔ぐらい隠せよ！
　本当は、家から一歩も出したらいけないんだよ、未成年のうちは（机を一回叩く）。

綾織　では、タリバンが、パキスタン寄りのアフガニスタンの山岳地帯にいるわけですけれども、そのタリバン的なやり方が正しいということになるわけですか。

ムハンマド　まあ……、だからねえ、欧米のキリスト教ってのは、昔みたいに純粋ではないのよ。今、もう〝エボラ出血熱〟なのよ、ほとんど。あれ、うつったら、みな死ぬのよ。

綾織　うーん。

ムハンマド　みんなイカれてしまうのよ、脳細胞から、ほんとに。確実に死ぬのよ。

「キリスト教は侵略者、誰かが退治しなきゃいけない」

綾織　そうなると、完全にキリスト教が邪教みたいになるのですけれども。

ムハンマド　邪教ですよ！

綾織　ああ、そうですか（苦笑）。

ムハンマド　あんなの邪教に決まってるじゃないですか！　当ったり前じゃないですか。

綾織　ほお。

ムハンマド　神の偉大な使者として私が生まれて、イスラム教を中東に広げて、今は十六億人ぐらいまで広がってるんで。キリスト教は二十二億人まで〝逃げ延びてる〟けども、追いかけてんだからね。

もう、数が引っ繰り返ったら、そんなもん、絶対、叩き潰しますからね。

綾織　でも、イスラム教も、『旧約聖書』や『新約聖書』を認めているわけですよね。

ムハンマド　あんな旧い宗教は、もういいのよ！　いや、認めてたのよ、もともと。

綾織　はい、そうですね。

ムハンマド　認めてるところに対して、攻撃をかけてきて殺しにきたのは、あいつらなんだからね。

十字軍はどっちがどっちに仕掛けたか、知ってるの？　向こうから来たんだからね。何しに来る必要があるわけよ、イギリスから。あんなの、わざわざ中東まで。侵略者ですよ、彼らは。
　あとねえ、それ以降も、ずーっと中世も、世界中を侵略しまくった。アフリカだけでなくて、あなたねえ、南米・中米・北米を全部侵略していったんだ。日本も侵略したんだ。

綾織　はい。それはそうですね。

ムハンマド　この侵略者はねえ、誰かがこれを退治しなきゃいけないんだ。だからねえ、彼らのなかには間違った〝遺伝子〟が入ってんのよ、はっきりと。

綾織　うーん。

「イエスはキリスト教会から完全に離(はな)れている」

ムハンマド　イエスなんか、もうキリスト教会から完全に離(はな)れてますよ。だから、こんなところ（幸福の科学）に、よく出てきてんでしょうが。（教会には）いないんだよ。

綾織　つまり、欧米の、そういう植民地主義的な流れに対する対決なんだと？

ムハンマド　もう、反省しなさい！　原爆(げんばく)落とすのは、あっち（キリスト教圏）！あっちに落とすべきだ（注。過激な発言であるが、霊人の意見のままとした）。

綾織　……。

ムハンマド　だから、イスラム教ができたら、キリスト教はもう要らなかったんだ！　それで滅びたらよかったの。十字軍で引き分けになったのも問題なわけ。

綾織　うーん。

ムハンマド　ねえ？　十字軍で引き分けになった。しょうがないから、（キリスト教の）なかで、カトリックとプロテスタントで宗教戦争をやって、殺し合いをやった。三分の一ぐらいに人口が減るまで殺し合ったっていう、ほんとに〝悪魔の宗教〟になってしまって……、完全に。

それで、近代で科学主義が出て、宗教から離れる運動を起こして、その科学主義による唯物論が世界を席巻して、キリスト教だけならいいけど、今度はほかのところまで〝汚染〟が広がってきて、日本までやられてるじゃないですか。この神の国・日本までねえ。

だから、キリスト教をどうにか封じ込めなければ、駄目ですよ！

綾織　やはり、ある種の正当性はあるとは思うのですけれども、一方、そうしたお考えによって、今、世界中で反イスラム運動的なものが起きていまして、何とかしてくれという状態です。

ムハンマド　十六億人ぐらいまで、今、広がってるんですよ。あんたがたが宗教を始めたとき（一九八六年当時）、まだ数億人しかいなかったの、イスラム教徒は。

綾織　はい。

ムハンマド　あんたがたが会員数をちょっと増やしとる間に、私らは十億人ぐらいは増やしてるからね。全然違うのよ、成長率が。

綾織　それは子供がたくさん生まれて、人口が増えたというのが大きくて、必ずしも……。

ムハンマド　あんたら中国が怖いんだろ、無神論の。潰してやるから、任せとけ！　イスラム教が呑み込むから、中国丸ごと。そしたら二十六億人になるから、信者が。

綾織　（苦笑）そうしたお考えですと、どうしてもイスラム教徒全体に対する反発が出てきます。

ムハンマド　いいじゃないですか。

綾織　「イスラモフォビア（イスラム恐怖症）」と言われているのですけれども……。

ムハンマド　アッラーのみが尊いんでしょ？　それでいいじゃない。結論はそれで終わりじゃない。

綾織　これだと、イスラム教徒が嫌われていく流れができてしまうんですが。

ムハンマド　ええ？　高等数学なんてね、もう嫌われるのよ。算数だけでいいのよ。だから、もう一かゼロなんだよ。もうそれでいいのよ。いろんな神様がいるなんて、ややこしいことを言わんでよろしいので、そんなものはパシッと一つ……。

テロ襲撃犯は、死後、どうなるのか

市川　今回、シャルリー・エブドを襲撃した方たちに対しては、どのような評価をされていますか。

ムハンマド　それは、天国に還って、もう処女百人ぐらいがはべっとるよ。酒を飲んでいるだろう。（襲撃犯のなかで）殺された人たちは、酒を飲んで、今、酒宴を開いてるところだよ。当然だよ。もう英雄でしょう、当然ながら。それはそうですよ（注。あくまで霊人の意見である）。

神風特攻隊が、敵の航空母艦にぶつかって沈めたようなもんだよな。

綾織　先ほど、「シャルリー・エブドの側で亡くなった方々は地獄に行った」というふうにおっしゃっていましたが。

ムハンマド　それはそうでしょう。

綾織　そうなんですか。

ムハンマド　「その仲間である」というだけで地獄でしょう。親族というだけで。

綾織　ただ、欧米では、「言論の自由を守れ」ということで、支持する人はかなりたくさんいるわけですが。

ムハンマド　あのねえ、聖なる人を侮辱するような漫画を描く者に、何が「表現の自由」ですか。そんなものに何の価値があるんですか。それは「悪魔の自由」じゃないですか。

自由のなかには、「神の自由」と「悪魔の自由」の両方があるんだけど、「悪魔の自由」を守って、どうするの？

綾織　確かに同意できるところがありまして……。

ムハンマド　そうだろう？

綾織　ムハンマド様だけではなく、イエス様やマリア様に対しても、ある種、侮辱している絵が出ています。

ムハンマド　同じように描きなさいよ。イエスやマリアや、仏陀(ぶっだ)でも何でも、冷やかして描いたらいいよ。ねえ？　そんなことが文明国家において許されると思うなら、やったらいいよ。

左傾化、無神論者の多いフランスは「無反省な国家」？

武川　私たちも「信仰が最も尊い」と思っておりますし……。

ムハンマド　これは教育以上なんだ。大事なことは……。

武川　そのとおりだと思いますし、英米のほうで、そうしたものが退廃していっているることも、そのとおりです。この「信仰の尊さ」というものが、英米に広がっていかないといけないと思うのですが、私たちは、それが「暴力等によって広げられる」ということについては分からないというか、賛同できないのです。

ムハンマド　あんたは「暴力」って言ったけど、これはさんざんやられたあとの、一部の反撃なんですよ。

武川　分かっています。それにしても、「やられたから、やり返す」というやり方では解決しないのではないでしょうか。

ムハンマド　フランス人がフランス人をやっているんですけどね。ほとんどね。今、やっているのは。フランス国内で洗脳し切れてないんだから。〝悪魔の宗教〟で洗脳ができていないんで、「聖なるもの」が、まだフランスのなかに残っているのよ、一部ね。

綾織　「イスラム教徒と無神論者との対立」のようなかたちになっていますね。

ムハンマド　フランス全体が左傾化して無神論者になって、中国に近づきつつあるでしょう?

ほとんど中国と一緒でしょう?

綾織　そういうところがありますね。

ムハンマド　だいたい戦後は、毛沢東（もうたくとう）と一緒になってね。サルトルと毛沢東がほめ合っているような感じだな。そんな国家じゃないの、だんだんね。

あんなのはカトリック国といえませんよ。イエスなんか、絶対、フランスにいないよ。ジャンヌ・ダルクを火あぶりにして、五百年もそのまま放っておいて、やっと最近、「聖人（せいじん）」にしたでしょう? ああいう無反省な国家は放置しちゃいけない。

綾織　ただ、暴力だけでいくと、逆に「無神論者が増えてしまう」という流れができてしまうのですが、それについては、どうお考えですか。

ムハンマド　だからねえ、ヒットラーは正しかったのよ。パリ陥落（一九四〇年）。あれでいいのよ。占領してしまって（机を一回叩く）、それで押さえ取るっていうのでいいのよ（注。幸福の科学の見解とは異なるが、霊人の意見として、そのまま掲載した）。なんで（フランスが）生き返るんだよ。本当に要らなかったんだよ。あれでいいんだよ。

4　アメリカの「フセイン処刑(しょけい)」に怒(おこ)るムハンマド

「私は神の勢力が広がるのを応援(おうえん)しているだけだ」

綾織　だんだん過激な……。危険な領域に入ってきているのですけれども……。

ムハンマド　〝過激派〟になってきた？　いやあねえ、百何十万人もデモをして、各国首脳が来て、あんなのをワアワア言って、私がアルカイダの首領(しゅりょう)かなんかみたいな言い方をしているけど。

それを言うんだったら、彼らは、メッカのクライシュ族と戦って信仰(しんこう)を立てた私らをそういうふうに思っていたかもしれないけどね。もし、私たちが単なる反乱分子であったならば、こんな世界宗教になんかなっていませんよ。神のご加護があって、なっているんであってね。

旧い宗教、三百六十もあった神様がたを信仰している偶像崇拝を破壊して、アッラーの一神教をつくりましたけど、これはイスラム教というか、「中東の近代化」であってね、「宗教の近代化」であってね、神のご意志に則ったものだったんですよ。

ですから、戦いでは数倍もあるような敵を破ってますけども。それは戦争だけを見れば、塹壕戦なんかを開発して、クライシュ族を中心とするメッカ軍を破ったということは残忍に見えるかもしれないけども、あんたがたが、「織田信長が（日本の）近代を開いた」とかいうことが許されるんだったら、同じようなことは許されるんだということですよ。

武川　そのクライシュ族を破ったときには、「ヘルメス神の●（霊的な）ご指導があって勝った」というように、私たちも教えていただいております。

●**ヘルメス神の指導**　メッカ軍（クライシュ族）とメディナ軍（ムハンマド）との戦いでは、10分の1の戦力しか持たないメディナ軍が奇跡的勝利を収め、「天使が味方についた」と言われた。その霊的背景として、以前のムハンマドの霊言では、ヘルメス神からの霊指導を受けたことが語られている（『世界紛争の真実』参照）。

ムハンマド　いやあ、ヘルメスなんか、ちょっとは空を飛んどったかもしらんけど、戦ったのはこちら側なんでね。

武川　もちろん、そうですけれども、「ご守護があったおかげで勝つことができた」と、以前の霊言(れいげん)ではおっしゃっていたと思うのですが。

ムハンマド　一緒(いっしょ)にしないでくださいよ、ほんとに。天上界(てんじょうかい)から見るのは勝手だからさ、それはいいよ。どっちを応援(おうえん)しているのか、そんなのは分からないけどさ。

武川　ということは、つまり、今はテロを応援しておられるときとか……。

ムハンマド　私は、テロなんか応援してませんよ。神の勢力が広がるように応援しているだけであって、テロなんか応援してません。

綾織　では、ムハンマド様は、テロについては何か、かかわられているわけではないと？

ムハンマド　テロじゃなくて……、「本格的な軍事侵攻」をしなきゃいけないけど、その戦力がないだけなんですから。ああ、ほんとよ。

「戦争犯罪人はブッシュ元大統領のほうだ」

綾織　「この背景には、何かしらの組織がある」と言われていますけれども、そことは……。

ムハンマド　まあ、何がしかの組織はあるけど、小さい組織ですよ、そらあ、はっきり言って。ほんとねえ、〝脱藩浪人〟が集まってつながってるような、はっきり言えば、そんな組織ですよ。

綾織　そうですね。

ムハンマド　こんなもんじゃあ、今のところ対抗できませんよ、正規軍に対して。正規の国家に対してはね。

綾織　ここには、何かしらの霊的な指導なり、支援のようなものは、されているのですか。

ムハンマド　そらあねえ、いや、腹は立ってる。

あなたがたは、裕仁天皇（昭和天皇）が死刑にならなかっただけ、まあ、よかったとは思うけどねえ。サダム・フセインだってね、イラクで、いちおう、選挙で九十何パーセントの得票を取ってだねえ、大統領になってた人だから。民主主義的に選ばれた大統領をねえ、あんたねえ、犯罪人として捕まえて、それで処刑したんだよ。

そのあと、イラク戦争の理由だった「大量破壊兵器」を調べても、まったく出てこないんですからねえ。

これは、戦争犯罪人はブッシュ大統領のほうだよ。これが戦争犯罪人。次は彼が絞首刑にかからないといかんのだけど、世界の正義がそのように動かないじゃないですか。

だから、あれは濡れ衣で、一国の選挙で選ばれた大統領が、世界の公開の場で処刑されたんだよ！　これに対して、イスラム系の人たちは怒るべきであるんですよ。

「フセインは今、〝天国〟のなかの前線基地で戦っている」

綾織　ただ、宗教的に見た場合ですね、私どもは、フセイン元大統領の霊を、この場にお呼びした機会がありまして（『イラク戦争は正しかったか』〔幸福の科学出版刊」参照）、そのときのお話としては、「9・11テロにも何らかのかたちでかかわっていた」と……。

ムハンマド　いや、あんな小さなやつはいいよ。

綾織　あ、小さいですか（苦笑）。

ムハンマド　うーん。小さいよ。小さすぎるよ。

綾織　しかし、これは、欧米や日本も含めて、衝撃が大きすぎるのですけれども……。

ムハンマド　だから、アメリカが、いったい何十万人、殺したと思ってんの？　イラク人を。

綾織　あ、「それに比べれば」ということですか。

ムハンマド　ええ。彼らは、情報を隠蔽（いんぺい）するのがすごく上手だけどねえ。

綾織　しかし、フセイン元大統領は、天国には行っていらっしゃいませんでした。

ムハンマド　いや、本来、天国に還（かえ）るべき人だけど、悔（くや）しくて悔しくて、今、煮（に）えたぎってんだと思う。たぶんなあ。

綾織　それで、今、地獄（じごく）に行っているということですね。

ムハンマド　いや、地獄に行ってるっていうか。まあ、「地獄」と言やあ地獄だけど、「天国」と言やあ天国なんだよ（注。以前の霊査によれば、サダム・フセインの霊は、エジプト近辺の地下にある孤独地獄のような所に隔離され、地下水脈でさまざまな国とつながっていた。前掲『イラク戦争は正しかったか』参照）。

綾織　あ、そうですか（笑）。

ムハンマド　だから、まあ、天国のなかの〝前線基地〟で今、働いてるのよ。

綾織　なるほど。

ムハンマド　欧米は、みんな地獄だから、基本的にね。だから、欧米のその地獄部分と戦ってるから、地獄にいるわけであって。

「ビン・ラディンは、日本で言えば武市半平太だ」

綾織　これは、以前にもお伺いした部分ではあるのですけれども、今は、ビン・ラディンがつくったアルカイダの組織が、いろいろ枝分かれしていって、それが、テロを起こしているという状態にあります。

アルカイダ系の全体の流れ自体も、ある程度、支持されるお考えでしょうか。

ムハンマド　オサマ・ビン・ラディンなんていうのは、日本で言やあねえ、武市半平太なんだよ！　あんた（注。以前の霊査では、オサマ・ビン・ラディンの霊は、アルジェリア近辺の地下の無間地獄と阿修羅界につながる地獄で、地下組織をつくっていた。『イスラム過激派に正義はあるのか』〔幸福の科学出版刊〕参照）。

綾織　なるほど。

ムハンマド　だからねえ、そういうふうに悪く思うよな。〝維新の志士〟なんだよ。そういう人なんだよ。

綾織　ちょっと詰まってしまいますけれども。

ムハンマド　言葉が詰まるだろう？　だから、考え方を変えれば、そういうふうになるわけよ。まあ、それは過激な人は出てくるよ。頭のいい人ほど過激になるのよ、結論に飛ぶから。

綾織　確かに、尊王攘夷的なところなのかもしれません。

ムハンマド　ああ、そうそう。

綾織　ただ、日本の場合も、ずっとそれで行ったわけではなくて、どこかで開国に転じていきました。

ムハンマド　いや、勝たないといかんわけよ、勝たないと。最後は勝たないかん。

綾織　そうであるならば、ある程度、開国に変わって、自分たちのイスラム教国として強くなって、経済的な競争とか、文化的な競争とか、宗教的な競争とかに入っていくというのが正しいような気もします。そのような考えは、取られないのですか?

「アラブの春」はキリスト教による侵略作戦?

ムハンマド　だからねえ、チュニジアから起きた「アラブの春」かなんか知らんの

●アラブの春　2010年のチュニジアで勃発した反体制運動(ジャスミン革命)に端を発し、アラブ世界全体へと波及した大規模な反政府デモ・抗議活動のこと。デモ情報等が、フェイスブックやツイッターなどを通して拡散されたことでも注目を集めた。

だけども。インターネット革命みたいな、なんか変なのを起こされてさあ。ツイッターかあ?

綾織　はい。

ムハンマド　私もよう知らんけども、そんな〝つぶやき革命〟みたいなので広がって、なんか民衆が蜂起（ほうき）して独裁政権を倒（たお）したみたいな。それで、マスコミで手を叩（たた）いて、広がっていって、イスラム教のところが全部グラグラになってきた。

まあ、それでよくなるのかと思えば、別に独裁政権を倒したあとは、結局、欧米的価値観を入れて、イスラム教を思想的に弱らそうとしていて、統治能力を落としてきているわな。

だから、もうこれは、「キリスト教による侵略（しんりゃく）作戦が始まっている」と見ていいんじゃないかなあ。

綾織　その後、エジプトなどでは元の軍事政権に戻っていって、結局は、「アラブの春」というのは、それほどよい結果にはならなかったわけですけれども……。

ムハンマド　うーん、だから、別に、それはイスラムだけではなくてねえ、タイだって、あなた、仏教の国だけども、「微笑みの国・タイ」が軍事政権にまた戻っているんでしょう？　だから、「民主主義でやったら腐敗して、汚職が流行って許さん」って言って、軍事政権になっているんでしょう？

「なんでか」って言ったって、知らんけどなあ、人々が許さないものがあるわけだから、民主主義のなかには、そういう腐敗部分がやっぱりあるんだろうよ、たぶんね。

ムハンマドは「イスラム国」をどう見ているか

綾織　それで、今の中東では、大きな動きとしては、「イスラム国」というものができています。これもイスラム原理主義なのですが、カリフを称する人がトップに立って……。

ムハンマド　いいねえ。久々にいいねえ。

綾織　あっ、そうですか……。

ムハンマド　久々にいいね。それぐらいの勢いがないと駄目だね。

綾織　ああ、なるほど。

ムハンマド　あの小さいのに、よくカリフを名乗った。偉(えら)い。うん。偉い、偉い。

綾織　はい。それでは、「イスラム国」の動きは、もう全面的に支持をされている？

ムハンマド　いや、別に、特別に支援しているわけじゃないけども、多少、反撃しなきゃ駄目だね。反撃しないと、このままだとやられてしまうから、これは反撃しなきゃいけないね。

綾織　「これを霊的に支援しているのがフセインではないか」と言われていますが……。

ムハンマド　そうでしょうねえ。してるでしょう、それは。当然、復讐しなきゃいけませんから。巻き返さなければ……。

サダム・フセインが「アラブの雄」だったわけですから、やっぱりね。彼が〝救世主〟だったので、現実にはね。アラブの最強国をつくって、救世主になる予定だったのが殺されてしまったわけですからね。やっぱり、遺志を継ぐ人が出てこないと困るでしょう。

綾織　ムハンマド様としては、「イスラム国」については、「こうなってほしい」ということは、ありますでしょうか。

ムハンマド　うん、まあ、どうせ、これは大したことはないとは思うけども……。

綾織　そうですか。

ムハンマド　ただ、波状的に次々と出てこなきゃいかんだろうなあ。

綾織　あっ、波状的に。

ムハンマド　うん。

綾織　それは……。

ムハンマド　まあ、（中東に）本物の救世主を出すわけにはいかんが、預言者ぐらいは出さないといかんわな。預言者は出さないかんと思う。

綾織　ほお。それは……。

ムハンマド　まあ、私が「最後の預言者」っていうことになっているから、出しにくい。だから、「プチ預言者」と呼ぼう。「プチ預言者」ぐらいは出さないといかんだろうな。

綾織　それは、「中東の地域に、イスラム帝国みたいなものをまたつくる」ということになるわけですか。

ムハンマド　人数的には、過去、最大になっていますからね。それは、やっぱり、求心力は必要だね。ここで一つ、核が出たら、それはそうなるでしょうねえ。だってねえ、もうキリスト教と千三百年戦って、まだ今のところ、負けずに頑張っているんですからねえ。私らのほうは、だから……。

まあ、おたく（日本）は天皇陛下が残っとるんだろうけども。向こうはねえ、こちら、イスラムに関しては、そうしたものを全部、廃止(はいし)していきたいわけですからねえ。

シーア派とスンニ派の対立は「二大政党みたいなもの」

綾織　イスラム国は、基本的にはスンニ派なんですけれども、一方で、イランのほうはシーア派で、双方がすごく対立している状態なのですが、これについては、どのように考えられていますか。

ムハンマド　まあ、いいじゃない、ねえ？「二大政党みたいなものだ」と思えば、別に。「（アメリカの）共和党と民主党みたいなものだ」と思えば、別にどうってことはない。

綾織　どうってことないですか。

ムハンマド　うん。どうってことはない。

綾織　ただ、この内部の紛争（ふんそう）というか、戦争自体も、もう凄惨（せいさん）なものになっていますけれども。

ムハンマド　いやあ、アメリカだって、南北戦争があったんだよ。そういうのを通り越（こ）して、近代国家はできてくるんですから、別に、それは反対の意見があったっていいんだよ。

綾織　なるほど。

5 「世界史の書き直し」を要求するムハンマド

欧米による過去の侵略行為をどう見るか

市川　近代国家では、「テロではなくて、デモや言論で戦うべきだ」という声もあるのですが……。

ムハンマド　それだったら、近代国家は、みんな軍事を廃止していただきたいですねえ。アメリカとか、欧州のほう。ああいう、すぐ空爆したり、ミサイルを撃ったりするのは、やめていただきたいね。デモでやってくれ。砂漠に来て、どうぞデモをやっていただきたい。

市川　「イスラム国」で言えば、例えば、「第一次大戦のあとのオスマン・トルコは、イギリスやフランス、ロシアによって切り取られたようなかたちになったため、それを取り戻す」という運動がありますけれども、そういうところでは、あのような運動は、もっとあってしかるべきだとお考えでしょうか。

ムハンマド　まあ、とにかく、欧米がね、悪さをたくさんしているから、世界史をもう一回、書き直さないといかんよ。

違う立場から書き直したら、どんなようになるかね。まったく、北極と南極が入れ替わるような感じになるよ、書き直すとね。侵略をしていた歴史をね、逆に、された側から書いたらどうなるかだね。そらあ、すごく悪いことをしてるから。

そういうことから見れば、キリスト教の歴史では、もう、イエスは二千年いたことになっているが、ほとんどキリスト教から離れていたと見ていいだろう。

市川　今回のテロのなかには、アフリカのアルジェリア系の人もいましたが、そういう意味では、昔の植民地支配に対する何らかの反作用のようなものがあったとお考えなのでしょうか。

ムハンマド　そういう面もあるかもしれないけども、アフリカは、本当は欧米に……、まあ、「米」はないかもしらんけど、「欧」に対しては、欧州に関しては、やっぱり、それはだいぶ溜まっていますよ、マグマがね。欧州に対しては、一回、謝罪していただきたい。

だから、韓国が日本に言うぐらいのことは言ってみたかろうね、そらねえ。「どこまで荒らしたか」っていうことに対してね。

しかも、今も貧しく、病気はいっぱい流行るしね。ウイルス性の病気は流行るし、「なんで、こんなに悪いことばっかり、いっぱい起こらないといかんのだ」っていうことに対してね。

人類の発祥の地はアフリカなんですからね。「発祥の地のアフリカが、なんで、こんな不幸な目に遭わないといかんのか」っていうことを言いたいでしょうなあ。だから、うーん、欧米が入り込んでから何百年たっても貧しいままで、そんなふうに、下請け業者のようにいじめられている状態がずっと続いているっていうことは、もう、単なる民族差別にしかすぎなかったことでね。

民主主義の名の下に、民族差別をずっとやり続けてきたことに対する謝罪は必要ですね。

だから、ちょっとねえ、一方的すぎるんですよ、考え方が。

「戦後やり返さなかった日本は半分奴隷だ。情けない」

武川　それに対し、大川隆法総裁は、「かつて、黒人が地球上で最も進んでいて先進国だった時代に白人を差別したことがあり、その反作用が起きている」とおっしゃったこともあります。

ただ、暴力に対して暴力が返っていくというやり方では、どこまで行っても解決がつかないと思うのですが。

ムハンマド　何言ってんの。黒人がやられるときは黄色人種(おうしょく)もやられるんだから、あんた、黙(だま)っといたほうがいいよ。

武川　いや、もう、もちろん、それは……。

ムハンマド　余計なことは言わんほうがいいよ。一緒(いっしょ)よ。

武川　まあ、そうかもしれません。そうかもしれませんけれども、ただ、この日本は、さんざんやられたあとに、決して暴力で立ち上がってきたわけではありませんので、そういう……。

ムハンマド　うーん。それは間違いの歴史ですよ。日本は間違っているんですよ。やられたら、やり返さなきゃ駄目(だめ)なのよ。だから、第二次大戦で徹底(てってい)的にやられて、七十年かかって、まだやり返していないっていうのは、情けない話だ。実に情けないわ。うーん。七十年も何もせんと、ええ？

武川　それは、とても情けないとは思いますけれども……。

ムハンマド　情けない！

武川　ええ。情けないと思います。

ムハンマド　敵に押(お)しつけられた憲法九条だか何だか知らんけど、それを「平和主義」って、どこの平和なんだ。いったい、どこのための平和なんだ。

武川　情けないとは思いますけれども、ただ、今は軍事力が足りない状況で……。

ムハンマド　君らはまだ、半分奴隷なのよ。

武川　暴力によってやり返したとしても、勝ち目はないじゃないですか。

ムハンマド　おお、それは、イスラムより下だわ、君らは。

武川　いえいえ、イスラムは……。

ムハンマド　イスラムのほうが上。何？　イスラムが？　勝ち目ない？　勝ち目がないなんて思っていませんよ。イスラムは子供をたくさん産みますから、大丈夫です。あんたがたは、子供がいなくなって潰れるから、やがて崩壊するだろうけども、イスラムは子供を増やしますから、大丈夫です。女子をさらってでも子供を産みますから、大丈夫です。

「中国まで取って、キリスト教を殲滅する」

綾織　これが最終的に目指しているところとしては、「キリスト教国を滅ぼすところまで行きたい」ということなんですか。

ムハンマド　ああ、だから、任せとけ。あなたがた、中国を心配してるんだろう？　中国まで取ってやるから、必ず。あそこまで取ったら、地球の半分ぐらいまで行くから、イスラム教が。

そしたら、キリスト教をとうとう二千年ぶりに殲滅できるから。うんうん。終わった宗教なのよ、あれは。悪い黴菌、いっぱい持ってるのよ。

綾織　そういう面もあるとは思うのですけれども、必ずしも「殲滅」というやり方ではなく、平和的に伝道するということでいいと思うのですが。

ムハンマド　あなたねえ、彼らは、黒人と称するアフリカ人たちをみんな捕まえてねえ、縛り上げて、なんと、人身売買して売りさばいたんですよ。アメリカからいろいろなところにね、奴隷として。人間じゃないですよ。もう、動物並みですよ。家畜並みだ。ペットなんですよ、ねえ？　売りさばいたんだ。

綾織　うーん。

ムハンマド　そして、今ごろになってからね、人権が問題で、人権を盾にして、ああやって、ほかの国に一生懸命言うわけね。人権を盾にするわけよ。よう言えたもんだわ。「反省してから言いなさい」っていうのよ。

「女性は繁殖の道具。どんどん子供を産ませたらいい」

綾織　ある意味での反省は入っていると思うのですが、それと同じように、女の子をさらってきているというのは、どうなんでしょう？

ムハンマド　そらあ、女性は繁殖の道具なんだから、当たり前だろう、そんなもの。ええ？

綾織　「道具」というのは、ちょっと問題だと思うのですが……。

ムハンマド　そんなもん、あんたねえ、欧米に洗脳される前に、早めに、若いうちに十代でさらって、子供をしっかり産ませないと（注。以前の霊言で、ムハンマドは、「女性を財産と認める」ことは「女性を慰(なぐさ)みものや遊び女(め)として使わせない」ための防波堤でもある、と述べている。『ムハンマドの幸福論』〔幸福の科学出版刊〕参照）。

綾織　その点については……。

ムハンマド　「イスラム国」だって、「ボコ・ハラム」だって、そらねえ、みんな信者を増やしたいんだよ。君らもやんなさい！　ちゃんと。

日本で結婚(けっこん)しない婦女子が多すぎる！　だから、さっさとさらってきて、どんどん子供を産ませたらいいんだ。そしたら信者が増えるんだ。

綾織　いや、私たちは平和的に行きたいと思います。

その女性に対する考え方というのは、今のイスラム教徒の方も、やはり、困っているところが多々ありまして……。

ムハンマド　いやあ、全然、困ってないよ。これはねえ、もう、キリスト教を超えて、『旧約聖書』に基づいて考えたからね。イブは、アダムの脇腹の骨一本でつくられたんだから、それでいいんですよ。

6　イスラム教徒の「幸福」とは

アッラーの「慈悲」とは何か

綾織　イスラム教徒の方のお話をお伺いすると、何と言いますか……。アッラーは、慈悲の神様でいらっしゃいますよね。

ムハンマド　慈悲ですよ。

綾織　はい。その慈悲が、イスラム教の生活のなかでは、なかなか分かりにくいと。

ムハンマド　そうかねえ。みんなを生かしてやってるじゃない。人口も増えてるんだから。

綾織　（苦笑）そういうところはあると思います。

ムハンマド　ええ？　お金持ちも、ちゃんと優遇もしてるじゃないですか。ええ。

綾織　うーん。やはり、「（イスラム教を）信じなければ地獄に堕ちる」とか、「礼拝行為をきちんとしなければ地獄」だとか……。

ムハンマド　信仰心の深い人は繁栄しています。ちゃーんとね。

綾織　やはり、ある意味で、少し恐怖に怯えているところがあり、そういうテロも含めて、信者の一人ひとりが、あまり、個人個人として認められていない感覚があるようです。また、神の……。

ムハンマド　キリスト教では、キリスト教を信じない人は天国に行けなくて、「みんな地獄」なのよ。

だから、クリスチャン以外は、あんたがたも含めて、イスラム教徒も含めて、「みんな地獄行き」なわけ。彼らの考えでは。

綾織　まあ、そうですね。

ムハンマド　これは間違ってる、悪魔の教えなんですよ。だから、クリスチャンがイスラム教徒に改宗した場合には、アッラーの神の寛容の下、救われることになってるわけ。われわれは、救いを施してるわけ。

彼ら（クリスチャン）は、君らをみんな、地獄に堕とそうとしてるわけよ。分かる? だから、日本で、（クリスチャンが人口の）一パーセント以上に広がらないように食い止めてるわけよ。ねえ?

過去の「個人の幸福感は低い」という発言を否定するムハンマド

綾織　イスラム教徒の方々の幸福感については、以前の霊言でムハンマド様もおっしゃっていたのですが、「『貧しさの平等』や『軍事的な独裁』も多く、人々の幸福感は非常に低いと言える」と……（『中東で何が起こっているのか』〔幸福の科学出版刊〕参照）。

ムハンマド　要らない、要らない、要らない。そんなものは要らないの。もう、アッラーと一体だったら、それでいいわけよ。

綾織　いや、これは、以前、ムハンマド様がおっしゃっていたのですが。

ムハンマド　ええ？　まあ、日によって考えが違う。アッラーのお心は、日によって変わるのよ。だから、その日のアッラーのお心に……。

綾織　いやいや、アッラーは変わらないと思います（笑）。

ムハンマド　「その日のアッラーのお心、思し召し（おぼしめし）は、どこにあるか」っていうことを考えればいいわけであって。

綾織　イスラム教の下（もと）では、「人権の抑圧（よくあつ）」や、「民主的な自由」といった面で、幸福感が非常に低いと。

ムハンマド　いや、それについては、欧米（おうべい）は言っちゃいけないよね。そういうことはね、もう……。ええ？

綾織　ですが、せっかく、ムハンマド様がおっしゃってくださったことなので、大事にしたいと思うのですが。

ムハンマド　うん？　それは、なんか、編集部が手を入れたんじゃないのか、ええ？（会場笑）

綾織　いや（笑）、そんなことはないです。そんなことはないです。

ムハンマド　ここの編集部は信用ならんからなあ。

綾織　いやいや、そんなことはないです（笑）。おっしゃったままを入れさせていただいています。

ムハンマド　ええ？　ちょっと信用ならん。ちょっと欧州かぶれして、フランスかなんかの週刊紙に採用されるんとちがうの？　そのうち、引き抜かれて。ええ？

綾織　いえいえいえ。これについては、実際、イスラム教徒の方のお話としても、「もう少し、個人としての幸福感を感じたい」という気持ちは、強くあると思うのです。

ムハンマド　まあ、「欧米に毒された日本に住む場合は、そういうふうなふりをしなきゃいかん」ということだよな。うん。そういうふうなふりをして……。

綾織　いやいや。これは、イスラム教国にいらっしゃる方のお話なのです。

ムハンマドはノーベル平和賞のマララさんをどう見ているか

ムハンマド　いや、だから、私はね、腹が立ってるわけよ。

綾織　はい。

ムハンマド　そのフランスの問題でもね、まあ、事件性はあったかもしらんけども、ほかの外国の首脳まで来てねえ、腕を組んでデモして？　そして、イスラム教が悪い宗教かのように、世界的に宣伝したところに対しては、やっぱり、原爆があったら、頭の上から落としたいぐらい腹立つねえ。

ああいうやり方は、ほんっとに理解できてない。自分らが犯した罪の大きさが分かってないからねえ。それは許せない。

市川　イスラム圏であるパレスチナからも、デモに来られていたと思うのですが……。

ムハンマド　そういう偽善者（ぎぜんしゃ）は大っ嫌（きら）いなのよ！　だから、偽善者なのよ。イスラム教徒も、一部、（デモに）入ってるよ。そういうやつらはねえ、あの世で地獄に落としたるからね。もう、ちゃんと考えてるんだから。そういう偽善……。

市川　女性の地位についてもございましたが、去年、パキスタンご出身のマララ・ユスフザイさんが、ノーベル平和賞を取られました。

ムハンマド　もう、あれは、イスラム教徒じゃないね。うん。改宗したらいいんだ、英国国教会に。英国国教会は、もう、地獄に直通してるから、そこに入ったらええわ。

綾織　今日、おっしゃっている内容というのは……。

ムハンマド　過激？

綾織　（苦笑）

ムハンマド　ちょっと過激……。いやいや、ちょっと腹は立ってるのかもしれない。

綾織　そうですね（苦笑）。確かに……。

ムハンマド　いや、盛り上がってるからね。世界的に盛り上がって、イスラムを攻[せ]

めようとする波動がすごいから、やっぱり、大将である私がねえ、それに負けたら駄目なのよ。跳ね返さないと。ペーンッと。

綾織　そうですね。そうかなと思いつつも、一方で、イスラム教徒のなかから見ても、ちょっと、「今日のご発言というのは、支持されない方が多いかもしれないな」という感じがするのですが。

ムハンマド　だいたい、今、イスラム教徒はねえ、取引のため、貿易のために、だいぶ面を被っているのよ。

綾織　はあ。

ムハンマド　買ってくれるところに対してはね。表向き面を被ってんのよ。

綾織　もちろん、「イスラム教徒として、シャルリー・エブドの風刺画のやり方自体がおかしい」というのは、みなさん感じられていると思います。

ムハンマド　なんで、あんな悪いカットが描いてあるやつを……、廃刊にしなきゃいけないやつをねえ、六万部から五百万部にするわけよ。なんで、それを買うことが彼らの義務なわけよ？　ええ？

あれが人権を護る世界の義務なわけ？　え？　だから、そういう間違った言論は潰さないいかんのよ。

「信教の自由」は神への義務、「言論の自由」は人間 対 人間の問題

市川　フランスでは政教分離法によって、ある意味で、「信教の自由」と「言論の自由」が同列に扱われて……。

ムハンマド　それは国自体が悪い国だから。ああいうところは、もう沈めたらいいんだよ。

市川　ムハンマド様は、「信教の自由」と「言論の自由」について、どのようにお考えでしょうか。

ムハンマド　あんた、「信教の自由」が上に決まってるでしょう。そんなの当たり前じゃないか。「言論の自由」は「人間の言論の自由」でしょう？　「信教の自由」っていうのは、「神様に対する義務」なんだ。意味が全然違いますよ。言論のほうは「人間対人間」の問題ですよ。

神様に対して「言論の自由」なんかありませんよ。そんなものは、もともとないんですから。人間が神様を裁くような立場にあるわけないじゃないですか。「言論の自由」なんかありませんよ。

武川　それは本当にそのとおりで、異論などまったくございませんけれども……。

ムハンマド　今日、私の言ってることは、そんなにおかしいかねえ。

武川　いえ、その……。もうちょっと、何かやり方はないのかなと、ずっと思っているのですけれども……。

ムハンマド　君はもう、のこのこイランへ行くなよ。

武川　（苦笑）（会場笑）

ムハンマド　次は絞首刑だからな、ほんとな。え？　のこのこ来たら、歓迎しないよ（注。質問者は国際本部スタッフとして、イランでのチャリティ活動等に参加した経験がある）。

市川　ハッピー・サイエンスは今、イスラムの方たちとも非常に協調してやっておりまして……。

ムハンマド　いや、協調しなくていいよ。そんな〝悪い思想〟を持ってくるんだったら協調しなくても。

幸福の科学の教えがイスラム圏に広がることをどう考えるか

綾織　幸福の科学の考え方がイスラム圏に広がることについては、どのようにお考えなのですか。

ムハンマド　まあ、最終的に一体化するのなら構わないよ。

綾織　一体化ですか。なんだか少し微妙（びみょう）な発言ですけれども……（苦笑）（会場笑）。

ムハンマド　え？

綾織　暴力的なところとは、やはり一体化できないのですが。

ムハンマド　いやあ、そんなことはない。暴力的でなかったら、完全に潰（つぶ）される。

綾織　うーん。それは、まあ……。

ムハンマド　欧米圏、中国を中心とする無神論圏、それから、か弱いけれども、イスラムも、「抵抗的暴力権」を持っている。ここ（日本）だけ持ってないよ。これでは絶対に潰れるよ。君たちは消される。まもなく歴史から消されるんだ。

綾織　「国防」という意味では、いちばん大事な課題だと思いますけれども、それは、幸福の科学として政治活動も入っていますし、その指摘は理解しています。

ムハンマド　君たちは、中国の軍艦に対して石を投げるのか？　ええ？　インティファーダ（民衆蜂起）ってあるけどね。インティファーダするの？　まあ、漁船ぐらいならいいけどね。やがて漁船じゃないものが来るからさ。

綾織　幸福の科学は、欧米的な民主主義の考え方、まあ、もちろん「信仰を前提とした民主主義の考え方」や「言論の自由の考え方」などを全面的に認めているわけですけれども……。

ムハンマド　幸福の科学はね、「神様の民主主義」を認めているところなんですよ。

綾織　はい。そうです。

ムハンマド　「神様がたくさんいて、神様が、自由な意見を言って、国を発展させていく」ということを認めてる宗教なんですよね。

綾織　神様の「言論の自由」と「民主主義」というものを、最大限認めています。

ムハンマド　「だけれども、至高神(しこうしん)っていうのは揺(ゆ)るがない」っていう考えを持ってるのよ。

綾織　はい。そのとおりです。

ムハンマド　そうなんだよ。まあ、そのところに対しては正しい。

「日本はもっと、われわれを支援(しえん)しなければいけない」

綾織　はい。そして、その至高神は、やはり慈悲の神様であり、個人個人を……。

ムハンマド　いやあ、あんたはねえ、「アッラーの慈悲」っていうものの意味がよく分かってないよ。

アッラーの慈悲はねえ、あるときは灼熱(しゃくねつ)の砂漠(さばく)のようにギラギラと焼きつけるようなときもあるわけよ。

綾織　そういうときもあるかもしれませんけれども、やはり、「個人個人の幸福を願われている」ということは間違いないですよね。

ムハンマド　そういう灼熱の砂漠を歩いて歩いて、やっとオアシスに辿り着いて、水を一杯、飲める。これがアッラーの慈悲なわけよ。だから、その慈悲の前には、しばらく苦しみがあるわけ。

綾織　今は、その苦しみがかなり長い状態ですよね。

ムハンマド　うーん。

綾織　そして、これからも長く続いてしまいますよねえ。

ムハンマド　誰(だれ)が苦しんでるの？

綾織　やはり、「戦争が続く」「テロが続く」となると、苦しみが続きます。

ムハンマド　それはねえ、持てる者が持たざる者をいじめてるだけですから。世界史的に見れば、単にそれだけのことです。

綾織　いや、「持てるようになりましょう」というのが、日本の近代化の歴史ですよね。

ムハンマド　日本が、かつて七十年以上前に味わわされたことを……、まあ、今の中東の地が荒(あ)らされてるわけだから、君たちは、われわれをもっと支援(しえん)しようという気持ちを持ってないのかねえ？

綾織　支援はしたいです。

ムハンマド　かわいそうだと思わんかね？

綾織　支援はしたいですし、やはり、日本と同じように近代化して……。

ムハンマド　何だ、あの情けない自衛隊は。来たって、何してんの？「戦争のないところだけしか行きません」とかいって……。情けない！

綾織　そのへんについては制約があるので、非常に情けないのは、確かに、そのとおりだと思います。

ムハンマド　情けない！

軍隊と言えんわ、あんなものは。本当に。

7　ムハンマドは日本をどう見ているか

「世界はスンニ派とシーア派に分かれる」

綾織　先ほど、「スンニ派とシーア派の対立を通じて近代国家になっていくのだ」と、チラッとおっしゃっていました。

ムハンマド　だから、世界はスンニ派とシーア派に分かれるわけよ。

綾織　そうではないと思うんですけど（苦笑）。

ムハンマド　いや一極だけ、ちょっと片方が〝あれ〟することもあるから。両方で議論することは大事だ。それがイスラム的民主主義だから。

綾織　あえて私の理解を言わせていただきますと、「『プロテスタントとカトリックの宗教戦争のようなところから、近代化が生まれてきた』という流れが、イスラム世界でも必要だ」というお考えなのかなと理解しております。

ムハンマド　まあ、時期的にはちょっとしかずれていないので。シーア派もスンニ派も発祥の時点でそれほど差がないので、「キリスト教のプロテスタントとカトリックとの違い」とはだいぶ違うけどね。

プロテスタントは、千何百年もたってから起きた宗教だから。あれだけ遅くできたものだったら、先にあるものを滅ぼしてもいいのに、弱くて滅ぼせなかったんだ。

だけど、今、バチカンは資金難で潰れかかっているから。ギリシャ、スペイン、ポルトガル、イタリア、もう、あのへんは、そのうちＥＵから放り出されるから、いずれ最貧国に落ちる。それでイスラムが救済してやろうと思っているのよ、そのうち。

「イスラムを統一して、ＥＵやアメリカに対抗できる力が必要だ」

綾織　そのなかで、「イスラムの近代化」というのもお考えにはなっていますよね？

ムハンマド　近代化って、今がいちばん近代化しておるんじゃないか。

綾織　はい。もっと近代化して……。

ムハンマド　もちろん、統一がまだちょっと足りないわね。統一しなきゃいけない。もっと統一して力を持って。

だから、今、イスラムも〝戦国時代〟なのよ。〝戦国時代〟で、覇者が十分にいないので、イスラムの覇者が必要なんですよね。イスラムを統一して、ＥＵやアメリカに対抗できる力が必要なんだ。

綾織　そこは日本の近代化がモデルだと思います。まさに、「尊王攘夷をして、まずは欧米に対して抵抗して見せる。そのあと、いろいろな学問を学び、産業を学び、豊かになっていって、軍事的にも強くなっていく」と。

ムハンマド　（舌打ち）でも、ちょっと不十分だね。やっぱり、厚木にマッカーサーが降りてきたときに暗殺すべきだったね。「あれを射殺しない」っていう手はないわね。

綾織　ただ、戦後も違ったかたちで、欧米に対して、ある種のリベンジをやってきました。

ムハンマド　日本刀を抜いて、百万人ぐらいで斬り込めば大丈夫だったのよ、あんなものは。進駐軍だって、みんな恐れおののいてたんだから。日本を占領するのが怖くて怖くて、沖縄だけでやめたんだからさ。もし、進駐してきたら、それは日本刀で襲いかかったら、それで終わりなのよ。

（質問者の反応を見ながら）なんかおかしいか？　私、おかしいかなあ？

綾織　（苦笑）論争になると、若干、危険かもしれないのですが。

ムハンマド　極めて沈着冷静に言っているんだけどな、世界史的に。そうかね。そんなに君たちがおかしく感じるなら、君たちにはかなり〝黴菌〟が入っているんじゃないか？　〝黴菌〟が。

イエスなんか、キリスト教国にいられないから、今、〝あれ〟ですよ。幸福の科学のほうに今、〝あれ〟しているのよ。あれは〝脱藩〟でなくて何て言うんだ？ 何て言うんだっけ？

そう、〝亡命〟しているんだよ。幸福の科学に〝亡命〟しているんだ、イエスが。イエスはキリスト教国にはいないんだ。存在してないの。幸福の科学に、日本に〝亡命〟してきているのよね。だから、イスラムと日本の関係がどうなるかで、行き場所を決めようとしているんだよ。

（舌打ち）このままで行くと、イエスもムハンマドも、みんな日本に〝亡命〟してくるから（会場笑）。だから、ここが神国になるんだ。

「もうすぐ中国と韓国の連合軍が日本を占領に来る」

綾織　それはありがたいことなのかもしれませんが、一方、今までおっしゃったお考えでいきますと、幸福の科学の考え方がイスラム圏に入れなくなってしまいます。

ムハンマド　そう？　それは困ったねえ。だけど、メリットもあるよ。これだけ言っとけばね、イスラム教から襲われることはない。そういうメリットがある。

綾織　確かにそうなんですけれども（会場笑）。襲われないにしても、幸福の科学の考え方と合わなくなってしまいます。

ムハンマド　そうかねえ？

綾織　はい。

ムハンマド　君たちはまだ軟弱（なんじゃく）なだけなんじゃないのかね？　精神棒が入ったら、

そうなるんじゃないかねえ。

綾織　それが必要なところもあると思います。まだ弱いところがあると思います。

ムハンマド　うん、うん。だから、もうすぐ韓国(かんこく)と中国の連合軍が、日本を占領に来るからさあ。そのとき、君たちの考えが変わるから、きっと。だから、抵抗しないでいられるわけないだろう。そのときに、イスラムの気持ちが分かるからさあ。

綾織　まあ、そのときは、「きちんと国防として、軍事的に国を守る」ということはやらないといけません。

ムハンマド　そらあねえ、もう、おかあちゃんでもねえ、腹ぼてのおかあちゃんで荒々(あらあら)しいものの考え方でないと、絶対、戦えないもねえ、ダイナマイトを巻いて突っ込んでいきたくなるよ。そら、国を取られたら。

綾織　ただ、「それを女性や子どもにはさせない」というのが……。

ムハンマド　いや、させるのが日本の伝統じゃないか。何言ってんのよ！

綾織　いやいや、そんなことはないです（苦笑）。

ムハンマド　うん。先の戦争下、頑張ったんじゃない？

綾織　いえ、いえ、いえ、いえ。いや、それはやはり、日本の場合は、男の責任として戦ったのです。

ムハンマド　ええ？　それで、アメリカ人の人道主義を反省させるのが、目的なんじゃないか。

綾織　いえ、いえ、いえ。やはり、そのへんの極端（きょくたん）なところを少し変えていっていただいたほうがいいと思うのです。

ムハンマド　まあ、少し極端かもしらんけども、それは、頭が、若干粗雑（じゃっかんそざつ）なだけであって、「頭が粗雑である」ってことはですねえ、戦国時代には、非常に有利なんですよ。

綾織　ああ。戦国時代。

ムハンマド　だから、荒々（あらあら）しいものの考え方で、一回、ワイルドにいかないと、戦えないんですよ。

綾織　うーん。

ムハンマド　そんな、繊細すぎてねえ、細かい人は、やっぱり使いものにならないので、そういうやつは蹴っ飛ばして、どんどん、どんどん進んでいかなきゃいけないわけよ。

だから、日本も、もうすぐ、やられるからさあ。そのときは、あなたがた、そんな軟弱なことばっかり、思想で固めとったら、もう動けなくなるよ。

そんな、安倍政権だか何か知らんけど、票をたくさん取っているかもしらんけど、どうせ、こんな軟弱な政権なんかで、もう持ちこたえられるわけがないんだから。もっと硬派でなければ、絶対、戦えないから。

「イエスは預言者、私は救世主だった」

綾織　幸福の科学は、「イスラム教」を正統な宗教だと認めていますし……。

ムハンマド　いや、否定したっていいよ？

綾織　ああ、いえいえ。

ムハンマド　どうぞ否定してください。

綾織　いえいえ、そのようなことはないのですけれども、その意味では、イスラム教と幸福の科学の考え方を合わせながら……。

ムハンマド　もう、そろそろ隠したいんでしょう？（幸福の科学とイスラム教との霊的な）関係を。ないことにしたいんじゃない？

綾織　いえいえ、そのようなことはないのですけれども。

ムハンマド　だから、本を全部、書き換えたらいいよ。

綾織　まあ、そのへんで、うまく考え方を合わせて、イスラム教に何か変化を促しながら協力していきたいのですけれども……。

ムハンマド　私は、少なくとも、「キリスト教を迫害した」という気持ちはないからね。少なくとも、私の在世中は、キリスト教に対しても、「寛容と尊敬」の念を持っていて、イスラム教徒に改宗したら、税金をまけてやったぐらいだからさあ。

キリスト教に対して、悪いことを思っていないし、（イエスを）自分の先発する預言者の一人だと思っていたからねえ。「イエスは、救世主」とまでは思っていなかったけど、預言者としては認めていたわけだから。

だって、（イエスは）救えていないからね？　国を救ったら救世主だけど、救えていないから、まあ、預言者だわなあ。預言者。

私は、謙遜して、「最後の預言者」と言っているけど、実は、私が救世主だったわけで、私は国を救っていますからね？　きちんと。私は、救世主です。彼は、預言者ですけどね。

私にとってのバプテスマのヨハネは、イエスです（注。幸福の科学の霊査によれば、イエスは人霊として最高の九次元存在であり、ムハンマドは八次元の存在である）。

綾織　うーん。これは……。

ムハンマド　まずいですか?

綾織　そうですね（苦笑）。

ムハンマド　発禁、発行禁止本ですか。ああ、それは徒労だったね。

綾織　いえいえ、「少し違った面をお伺いしたいな」という気持ちでやっていまして、いろいろ投げかけてはいるのですけれども……。

ムハンマド　いやあ、まあ、そらあ、少しは応援してくれるようなこと言ってくれれば、私も何かしますけど。

8　イスラムの「西洋化」に対する見解

フランス週刊紙の風刺画は「立場を替えても許せるのか」

ムハンマド　だってさあ、あんな、「ムハンマドの風刺画を描いたところが、六万部から五百万部に増えて、みんなが、それを並んで買っとる」なんて、そんなの、あんたねえ、立場を替えたら、許すか？

例えば、「大川隆法総裁の風刺画を描いてるところが、幸福の科学から攻撃・批判を受けたので、今度はみんなで、日本中で並んで、それを買い占める」なんていうのを許せるか？

それだったらねえ、あんた、写真雑誌の「フォーカス」だってねえ、潰れていないよ。ねえ？

綾織　まあ、シャルリー・エブドのやり方自体は、おかしいと思います。まず、ムハンマド様を同性愛者みたいな感じで描いたり、かなり、もう冒瀆をしています。

ムハンマド　〝同性愛者〟は、仏陀でしょうが！（机を叩く）何言ってんの。

綾織　いや、まあ、それは違うと思います。それは違うと思いますけれども。

ムハンマド　男性を愛し、女性を嫌ったのは、仏陀じゃないですか。何言ってんの。私は、女性に対して、そういうあれは持っていませんけども。

綾織　まあ、「シャルリー・エブドのやり方自体は、おかしい。言論の自由の範囲を超えている。信仰を否定している」ということは、もう全面的に同意いたします。

「イスラム女性のベール」を剝ぐ行為に対しても怒るムハンマド

ムハンマド　少なくともねえ、それは、急に始まったことではないのよ。それ以前に、フランスとかその他に移民した者たちは（手を一回叩く）、そうとう耐え忍んでいるわけなのでね、差別に対しては。宗教差別のそういったものは、ずいぶんやられた。

「女性は、ベールも剝がして授業に出ないと、学校行かせない」とかねえ、ああいうのは、あれだよ。もう「風呂屋に行くときに、裸で道を歩いていけ」って言ってるようなもんなんだよ、イスラム教徒にとっては。恥ずかしいことなんですよ、そんな、異教徒に素顔を見られるなんて。そんな恥ずかしいことを強制されるなんて、勉強するために。恥ずかしいことですよ。ねえ。

だから、やつらは野蛮人なんですよ。やつらは、もうお風呂場でねえ、風呂屋で授業をやってるんですよ。「みな素っ裸で授業を聴け」って言ってるようなもんなんですよ。そのぐらい、イスラムの女性にとっては恥ずかしいことなんですよ、顔を隠さないっていうことは。

市川　戒律はムハンマド様が勧められたと考えてよろしいのでしょうか。女性がスカーフを被るのは、ムハンマド様が……。

ムハンマド　いやあ、あれは、暑いからね、みんな被ってた（笑）。

市川　風習のところから来たのが多かったのでしょうか。

ムハンマド　うーん、まあ、風習だけどね。もちろん、風習は風習だけども。まあ、便利だからね。砂除けにも、風除けにも、日除けにもなるし。もちろん、男性から身を守るためにも必要なもんだわねえ。

だから、姿形（すがたかたち）を夫以外には見られないようにしないとねえ。やっぱり、きれいな顔を見せたら……。美人が多いんだよ、イスラムって、ほんとはな。いや、まともに（顔を）出したら、美人コンテストに出したら、「世界の美女」になっちゃう人ばっかりだから。出すと危ないわけよ。だから、悪い男にいっぱい襲（おそ）われるから、隠さなきゃいけないわけよ。これは、守るためにやってるんであって。

綾織　女性のなかでは、そういうものに出てみたいという人もいますよね。

ムハンマド　それは狂（くる）ってるやつね、一部な。〝生まれ損（そこ）なって〟出たやつね。うん、うん。

綾織　ただ、全部を隠すというのは、ちょっとどうなんでしょう。

ムハンマド　いや、全部隠したら〝値打ち〟が上がるのよ。だから、これで金持ちのところに嫁（よめ）に行けるから。

綾織　いや、学校にも行けないし、車の運転もできないし、そういう自由な行動ができないわけです。

ムハンマド　うん。

綾織　「もう、勘弁（かんべん）してください」というように思っている方が、たくさんいらっしゃると思うのですけれども。

「西洋化するということは、衰退するということ」

ムハンマド　うーん、何が悪いわけ？

いや、中国なんか、宮廷から逃げられないように女性の足を縮めて、纏足にしたもんね。（足が）曲がって、走れないようにしたという、あんな残酷なところと一緒にしないでください。（イスラムは）ずっと近代的ですから。

綾織　ただ、そういう人が何億人といる状態ですので、もう少し自由であってもいいと思うのですが……。

ムハンマド　いやあ、君たちはねえ……。

だから西洋化してねえ、結婚はできず、そして少子化が起き、国が衰退してるんですよ。「西洋化する」ということは、「衰退する」ってことなんですよ。それが分かってないんでなあ。

綾織　それはありますね。はい。

ムハンマド　われわれは、衰退しないようにしようとしてるわけなんで。西洋化して自由を与えたつもりが、結局は個人主義のままに走って、信仰心を失って、わがままに生きて、そして国力を落とし、歴史から消えていく。まあ、欧米はもうすぐ、歴史の舞台から消えると思いますけどね。

9　ムハンマドが見る「今後の世界の動き」

次の勢力は「中国か、イスラムか」の戦い

ムハンマド　だから、次の勢力は「中国か、イスラムか」の戦いですけどね。

市川　中国の無神論に対しては、どのようにご覧になっていますでしょうか。

ムハンマド　いやあ、なかなか手強(てごわ)いとは思うから、こちらも戦力としては蓄(たくわ)えなきゃいけないけども。

まあ、急所は「燃料」だな。（中国は）燃料が足りないわな、どう見てもな。

市川　ウイグル等も、中国共産党政府にはかなり弾圧されておりますけれども。

ムハンマド　うーん、まあ、いずれ救済に行かないといかんと思うけど……。

パキスタンがインドを乗っ取ることができればね、そしたら十数億人になりますからね。それで、イスラムの（人口）と合わせると三十億人ぐらいいくから、三十億人で脅せば、中国だって（人口は）半分しかないからね。十分に包囲できる可能性があるね。

あとは、また欧米が間違えて、なんかプーチンをいじめてるからさ。プーチンのほうから、今、（イスラムに）すり寄ってきてるので。あれ、日本がうまいこと仲介するのを失敗したら、もう完全にイスラム寄りに入ると思うよ。

日本が「仲介役」として活躍する可能性はあるか

綾織　この状況でも、日本が仲介できる部分がありますか。

ムハンマド　あると思うね。

綾織　あっ、そうですか。

ムハンマド　それはあるだろう。

綾織　それは、具体的にどうすればよろしいのでしょうか。

ムハンマド　日本とつながることができれば、ロシアは孤立（こりつ）しないからね。つながることができたら、ロシアは孤立しない。

さらに、日本はイスラム圏（けん）ともつながることができる。油があるからね。

綾織　はい。

ムハンマド　イスラムに油がある。ロシアには天然ガスがある。そういう意味では、エネルギーの供給源を押さえることができればね。

綾織　「イスラムと欧米圏との対立」というのも、日本が仲介できる余地は、まだありますか。

ムハンマド　うん。「日本人みたいに考えを外に出さない生き方」を広めれば、できるだろうね。

綾織　そういう、神を侮辱しない……。

ムハンマド　何も考えてないように見えるような生き方をして、信仰があるようでないようで、ないようであるような、そういう〝商道徳〟みたいなのを見せれば、ビジネス上は、まあ、できるかもしれない。そのへんは、確かにビジネス上は多少ネックになってる面は認めるけどね。

「今日は無駄仕事をしたか」と残念がるムハンマド

ムハンマド　うーん……。今日の私は、これは〝映倫に引っ掛かった〟ような、無駄仕事をしちゃったかなあ。ここは、後半、少しだけ宣伝しないといけないかな。

綾織　そうですねえ……。

ムハンマド　今日は、いつもの〝芸人〟が出てないから、それはちょっと、あれだなあ（会場笑）。

綾織　（笑）

ムハンマド　（聴聞席に向かって）なあ、〝芸人〟。なんでそっち座ってるのよ（会場笑）。こっち（質問者を指して）、なんか二人、しゃべれないよ、これ。

綾織　（苦笑）

ムハンマド　日本語しゃべれない人を置いてもしょうがないじゃない。うん？

市川　今日は〝被告〟というより、今、非常に……。

ムハンマド　国際（本部）なんか、何も役に立ってないでしょう？　イスラム圏では、ほとんど。

市川　実は水面下で、非常に今……。

ムハンマド　邪魔(じゃま)しているだけでしょう?

市川　いやいや、協力してやっています。

ムハンマド　本当かねえ。

10 ムハンマド、「アッラー」を語る

「アッラー」と「イエスの父」の関係は、どうなっているのか

市川　宗教的にご覧になられて、もし、「イスラムのアッラー」と「キリスト教で言うイエスの父」が同一のご存在であったら、どのようにお考えになりますか。

ムハンマド　いやあ、それはねえ、キリスト教の父……。「イエスより偉（えら）い人がいる」ということをイエスは認めているから、それは構わない。

ただ、「(アッラーと)同一かどうか」については、若干（じゃっかん）、疑問はあるわな。アッラーのほうが偉いかもしれない。やっぱりね。アッラーのほうが、もうちょっと普（ふ）遍（へん）的だからね。イエスの父っていうのは、どうもヨセフの代わりみたいなところが

あるからね。ちょっと弱いな、なんかね。

綾織　イスラム教徒の方にお伺(うかが)いしたときも、「『旧約聖書(きゅうやく)』のなかに出ているエロ－ヒムとヤハウェは同じ神なのだ」という考え方を取っています。ユダヤ教の方もそうですし、キリスト教徒の方もそうです。

ただ、私ども幸福の科学は、「エローヒムとヤハウェは別の神である」と認識しているんですけれども……。

ムハンマド　それでは、一神教にならないからねえ。別の神様にしたら、一神教が二神教になっちゃうよなあ。

綾織　これについて、ムハンマド様はどういうお考えなのでしょうか。

ムハンマド　まあ、エジプトの繁栄があって、そこからモーセが少人数で逃げ出したんだろう？　奴隷だったイスラエルの民を引き連れて逃げ出したんだろう？　これは、なんか、映画がもうすぐ来るそうじゃないか？（注。二〇一五年一月三十日に公開となる映画「エクソダス：神と王」のこと）

綾織　はい。もうすぐ日本にも来ますね。

ムハンマド　エジプトは強大な国家だったんだろう？　世界最強の国家だった。今のアメリカみたいだったんだろう？

そんななか、奴隷だった人たちを連れて逃げ出したんだろう？　そのときの神様がヤハウェって言うんだろう？　それが世界神のはずはないわな。確かにな。それはそのとおりだ。

それでエジプトは、その後、廃れたんだろう？　「その廃れたエジプトの神様はいったいどこに行っているのか」っていうことを考えれば分かるわな。次の繁栄のところに移動しているはずだわな。それはたぶん、ギリシャやローマの神と同一のものになっていっているはずだわな、おそらくな。

だから、キリスト教がギリシャやローマに広がっていったのならば、キリスト教の神はエジプトの神と同じものだろうな、きっとね。

「出エジプト」のころはモーセを導く神がやっていただろうけども、だんだんに入れ替わっていった。それは、そうだろうと思うよ。神様として同格ではないはずだと思うけど。

「アッラー」と中東の神「エローヒム」との関係は？

綾織　イスラム教についても、エローヒムは、当然かかわっているはずですよね？

ムハンマド　いや、「アッラー」というもので、「エローヒム」とは言わないので

（注。以前の霊言でムハンマドは、「エローヒムという神が、中東のほうを中心とする神であり、アッラーというのは、固有名詞ではなく、いろいろな名で呼ばれている神の総称です」と述べている。前掲『中東で何が起こっているのか』参照）。

綾織　同じ存在ではないんですか。

ムハンマド　いや、神様の名前はいっぱいあるから分かりにくいが。
中東でも、いろんな宗教が起こっては潰れ、起こっては潰れしているから。そのたびに神様が全部一緒だったら、「自分で自分と喧嘩している」っていうことになるから、いちおう、別の神様みたいな顔をしてはいるけども。
おそらく現実には、サイコロの面みたいなもので、転がして違う面が出るような感じで名前が違うんだろうけど、サイコロは一緒なんじゃないの？　一から六まで出るんだろう？　数字が。あんな感じで名前が違うんだけど、本当は同じ神なんじゃないの？

綾織　となりますと、キリスト教国で信じている神様と、イスラム側で信じている神様は同じで……。

ムハンマド　可能性はある。だから、キリスト教徒が懺悔すれば、一緒になるね。

綾織　懺悔しなくても……（苦笑）。

ムハンマド　（イスラム教を）認めてないもの。だって、イスラム教徒は全員、地獄に堕ちていることになっているから、キリスト教ではね。

綾織　ただ、「天なる父を信じる」という意味では、同じ神様を信じていて……。

キリスト教徒よりも、イスラム教徒のほうが「寛容（かんよう）」なのか

ムハンマド　言っとくけど。もう一回言うよ？

キリスト教徒は、キリストを信じないと天国に還（かえ）れないから、キリスト教以外の異教徒は、みんな地獄行きなんですよ。

だけど、イスラム教では、「キリスト教徒はみんな、地獄へ行っている」とは教えているわけではないんで。「イエスも預言者の一人だったけど、ユダヤ教徒から迫害（はくがい）を受けた」というふうに言っているわけで。もともと、構造的なものは同じように捉（とら）えて受け入れていたわけよ。

だから、あなたがたが、先にあった宗教に嫉妬（しっと）されるのと同じ関係になってるわけだからね。こちらのほうが寛容（かんよう）なのよ。

綾織　寛容だと思うのですが、同じ神様を信じている宗教同士が、今、そういう対

立をしているわけですけれども。

ムハンマド　だから、同じ神様かもしれないけど、サイコロの「一」から「六」まで目があるから、どの目を信仰してるかは違うかもしれないからね。そのへんは人間には分からないから、それが。

綾織　ああ、人間には。はい。

ムハンマド　ああ。

綾織　ムハンマド様としては、そういうサイコロの面の違いであると。

ムハンマド　うちのアッラーは「六」で、おまえのところの天なる父が「一」だとか、まあ、言ってるわけで。「うちのほうが、五だけ進んどる」と、まあ、こういうことで喧嘩してるわけです。まあ、言やあね。

綾織　でも、信じている対象が同じということでは、ある程度、融和できるところもあるわけですよね。今日は、何かしら、その部分がないと……。

ムハンマド　残さないと、（今回の霊言が）発禁処分になるんだろう？

綾織　いえいえいえ。

ムハンマド　だから、ちょっとは譲歩するけどさ。

綾織　やっぱり、共通する部分はあると？

ムハンマド　だから、（綾織以外の質問者に）この二人の出来が悪くて、今日は、おべんちゃらを言うやつが一人出てきてないから（会場笑）。それで、発禁処分になりそうなんだよ。「国際（本部の人間）」は、全然、役に立たない。もうクビにしろ、早く。

綾織　（苦笑）いえ、いえ。そういう、何かしら「キリスト教圏とも一致できる部分はある」と言って構わないですよね。

ムハンマド　うん、そうだよ。向こうが、もうちょっと懺悔すればね。

綾織　はい。確かに、もう少し純粋な信仰を持ってもらいたいというのはあります。その部分は、確かにそうだと思います。

「日本が欧州の国と戦って勝って、イスラムはみんな喜んだ」

ムハンマド　あんた、立場を替えて、私らを見てくださいよ。

　メッカからねえ、クライシュ族に追われて七十何人ぐらいで逃げてねえ。それで難を逃れたのに、まだ攻め込まれて。自分たちで、自警団をつくって、武装して、護って、三回の戦いに勝って、そして統一国家をつくった。

　やっと一息ついたかと思ったら、次はキリスト教の十字軍で、ガンガン何百年も攻められて。それに撃ち返して、中世のイスラムの繁栄を導いて。

　近代以降、またキリスト教が新教をつくって巻き返しを図ってきてねえ。先進国になってきて、世界中を略奪、強姦、強盗しまくって、世界一周、ぐるっとしてきた。

　それで、日本がアメリカ以外の欧州の国と戦って勝って、イスラムの国たちは、みんな喜んでた。「やった！　あの黄色いのが勝った。白人に勝った。これで人種差別が世界から撤廃できる。日本、頑張れ！」と、みんな応援しとったんだけど、最後にこけおってから。

アメリカに負けて、七十年間も〝奴隷扱い〟で、ずっとしてるし。そろそろ革命を起こさなかったらいかんわね。だから、「イスラム教精神」を、ちょっと叩き込んでやって（手を一回叩く）、やっぱり戦わないと。

綾織　はい。それは必要だと思います。

ムハンマド　うん。〝十字軍〟やれ。

ムハンマドの「転生の秘密」に迫ろうとするが……

綾織　あと、共通する部分ということでは、ムハンマド様ご自身も、過去には、いろいろなところに生まれられています。

ムハンマド　うん、うん。

綾織　まあ、イスラム教のなかでは、転生輪廻の教えというのが見当たらないので差し障りがありますが、幸福の科学のこれまでの霊言で言われている話としては、ダビデですとか、第二イザヤ。欧米圏だと、アレキサンダー大王という転生もありました（『第一イザヤ、第二イザヤの謎を解く』〔宗教法人幸福の科学刊〕参照）。

ムハンマド　ああ、もう、そのへんはちょっと、イスラエルが跪かないと、言うわけにはいかんから。

まあ、そう言うのは勝手だけど、今の時点では、ちょっとまずい。イスラエルを支配したときには、それでもよろしい。言ってもよろしい。

綾織　なるほど。でも、実際にイスラエルの、ユダヤ系の建国に携わった方でいらっしゃるのに、今、パレスチナでは、そこと紛争、戦争になっているわけです。

ムハンマド　うん。だから、制圧しなきゃいけないんだ。

綾織　ああ、制圧したらいいと？

ムハンマド　うん。

綾織　まあ、このあたりも、何らか宗教的な解決の道を探りたいというのはあるのですけれども。

ムハンマド　君ねえ、だからねえ、大川隆法のねえ、ものすごい風刺画を描かれてねえ、その新聞を増刷してねえ……。

綾織　ああ、それ自体は、はい。

ムハンマド　世界の首脳が来てねえ、デモしてねえ、みんなで、「買うのは『表現の自由』だ」って言って、銀座でもデモされたら、君、腹が立たんか？

綾織　それ自体は許しません。許せないです。

ムハンマド　ねえ。「リバティ」自体は売れないで、そんなのばっかり売れて。ええ？

綾織　戦いますけどね。まあ、暴力的にやることはないと思うんですけれども、戦います。

「アッラーは偉大(いだい)すぎて、よく分からない」

綾織　では、最後になりますが、先ほど、アッラーとかエローヒムのお話がありましたけれども、今、エローヒムが地上に降りられて教えを説かれているので。

ムハンマド　エローヒムなんか知らんから、もういいのよ。

綾織　まあ、アッラーはアッラーでいいのですけれども、アッラーのお考え……。

ムハンマド　うん、うん。アッラーでいいが、アッラーは偉(えら)すぎて偉すぎて、もう分からんのだ。

そう、ずっとずっと上の方だから。もうねえ、ずっと高い、高度一万メートルぐらいのところから雷(かみなり)が落ちるように声が轟(とどろ)いてくるんで、こちらはもう、見たら目が潰れるぐらいの方だから。そのくらい、人間と神には差があるわけよ。

だから、最後の預言者、最大の預言者であっても、一万メートルの上空から、雷のごとくアッラーの声が聴こえてくる（手を一回叩く）ぐらいの差があるわけよ。

ましてや、君たち人間がねえ、あれこれと論評するような立場にはないんだよ。

綾織　はい、論評はまったくできません。ただ、私どもは、実際のアッラーの今のお考えを伝えている立場ですので、ぜひ、そのお考えを入れていただけないかと……。

幸福の科学の「神々」に対するムハンマドの意見

ムハンマド　いやあ、幸福の科学に出ているのなんか、アッラーの考えじゃないですよ。アッラーではない。その周りのねえ、八百万とかいる日本の神々のグジャグジャしたのが、いっぱいしゃべってるじゃないか。あれ、一掃したらどうなんだよ！　もう、シャーッと（手を横に振る）。

綾織　いえいえ。それは、なかに……。

ムハンマド　ええ？　〝処刑〟しろよ、あれ。もう、さっさと間引くか、掃除しないと、うっとうしくてしょうがない。

綾織　いえいえいえ。そうした方々にも「言論の自由」があります。

ムハンマド　ええ？　要らない。要らない、要らない！　全然要らない！

綾織　先ほど、「神々の言論の自由」とおっしゃっていましたので。

ムハンマド　ああ、いや、いや、いや。だから、認めている国ではあるけどね、この国はね。だけど、あれがねえ、信仰を何やら分からなくしている理由なんだ。信仰を分からなくしてるのは、その「〇〇の神」っていうのが、いっぱいいいっぱい立って、いろんなことを言うからだ。

綾織　いえいえいえいえ、その上で、幸福の科学では至高神を信じています。そういう宗教です。

ムハンマド　あれ（日本の神々）、もうちょっと、箒で掃いて、掃き出したほうがいいよ。日本海にでも。うーん。

綾織　ぜひ、今のアッラーの……。

ムハンマド　そう。アッラーの偉大さをね。幸福の科学も、もう、「アッラー、アッラー」と書きゃいいわ。アッラーの偉大さだけ言やあいいのよ。

綾織　はい。アッラーは偉大だと思います。

ムハンマド　ここはねえ、実にいいねえ。（信仰対象としての）〝立体〟がないから、それいいよ。うん。これはいける！　もうちょっとで、いけるよ。

綾織　（礼拝室前方を指して）いえ、ここの奥には、ちゃんとエル・カンターレ像が……。

ムハンマド　それ、要らない！　それは破壊しておいたほうがいい。あとで戦争になるから。〝平面〟でも失礼に当たるから、まあ、「これ、太陽です」とか、「月です」とか、何か言っときゃいいわけだから。
まあ、なるべくねえ……。（市川に）あんた、なんで、そんな驚いた顔をするわけ？　そういう人格的未熟さがねえ、国際伝道を妨げているのよ。

市川　驚いていないです。今、ムハンマド様の信仰心を非常に感じておりまして……。

ムハンマド　もっと大きな人間になりなさい。大きな人間に。大きな人間性を持ちなさい。大きな人間性を。

市川　はい。ご指導ありがとうございます。

「エル・カンターレ信仰（しんこう）」をムハンマドはどう見るか

ムハンマド　アッラーというのは、それほど偉大なんだから。ほかの細々（こまごま）した、人間のでき損（そこ）ないみたいな神様と一緒にするなよ！　そんなことをするから、君らの宗教は分かりにくいのよ。これ、全部取り去ったら、世界宗教になるんだ、これで！　ねえ。

綾織　まあ、それは残しながら……。

ムハンマド　「アッラーと同じものです」と（何度も机を叩く）。交渉して、「幸福の科学は、アッラーを信じてます。イスラム教と一緒です。一緒にいきましょう！（机を叩く）はい、いきましょう！」（机を叩く）これで終わりじゃないか！

綾織　信仰対象は、「エル・カンターレ」なのですけれども……。

ムハンマド　ええ？　合併！

綾織　そういう神々の声も残しながら……。

ムハンマド　調印！

綾織　あの（笑）（会場笑）、「エル・カンターレへの信仰」で、私たちはやっていきます。

ムハンマド　大川隆法？　ああ、これはたぶん、肉体を持った人は、もう、これは〝あれ〟でしょう。ムハンマドの生まれ変わりでなければ、間違いなく〝ムハンマドの父親〟の生まれ変わりだわ。ああ。そういうことにしたらいいんだ。

綾織　いえいえいえ。イスラム圏にも、そういう「エル・カンターレへの信仰」ということで、一致してやっていけるように……。

ムハンマド　いや、もういいよ。新しい神様の名前は混乱するから、もう要らない！　要らないから、もう。

綾織　はい。イスラム圏では「アッラー」でいいと思います。

ムハンマド　アッラーで、アッラー、アッラーでいってください。

綾織　はい。ぜひ協力できるところをつくりながら、やっていきます。

ムハンマド　（質問者に）今日はねえ、〝役者〟が悪いから、私の悪いところばっかり引き出されて、なんだか……。

綾織　いやいや、いいところを一生懸命に聞こうとしているつもりなのですが。

ムハンマド　君は、ちょっと〝マスコミ教〟に洗脳されすぎてて、「宗教性悪説」が心のなかに溜まってるんだ。

綾織　いえいえ、全然そんなことは……。

ムハンマド　一回、中東に生まれ変わって、勉強し直したほうがいいよ！（会場笑）

綾織　まあ、そうですね。そういうこともしてみたいと思います。

ムハンマド　いかんねえ。それは駄目(だめ)だね。フランスなんか生まれるんじゃないよ！　うん。絶対。

綾織　フランスは、そうですね……。

ムハンマド　絶対、駄目だからね。火あぶりになるから。そんなところに生まれたら。

11 「信仰(しんこう)の優位」を説くムハンマド

「フランスは、神様をギロチンにした責任を取りなさい」

市川　ムハンマド様からは、「信仰(しんこう)の優位」を感じ取らせていただきました。

ムハンマド　「信仰の優位」ですよ。言論もあるけれども、そら、あなたねえ、「表現の自由」対「信教の自由」なんて、そんなの、戦いになりませんよ（机を一回叩(たた)く）。こんなの、当たり前だ！　神様が怒(おこ)ったら、人類絶滅(ぜつめつ)ですよ。こんなもん、言論が通用する余地なんかありませんよ。全滅ですよ。

綾織　はい。それは、そのとおりだと思います。

ムハンマド　これ、象に踏み潰されるアリと一緒ですよ！（机を二回叩く）こんなもんねえ、対等じゃないんだから。これが信仰なんですよ！（机を何度も叩く）

綾織　はい。

ムハンマド　これが分かってない。だから、欧米は、神様を下げてるんですよ。カント以降、神様の首を斬って、地位を下げて、人間と一緒にしてしまってるんですよ。あるいは、逆に、「人間の合意のほうが神様を縛る」と言ってる。これが法治国家の考えですよ。

綾織　はい。

ムハンマド　人間が国会で決めて、「票を取って選ばれた人のほうが神様より偉い」という。神様の代理になって、神様が要らなくなったんですよ！　これが議会制民主主義ですよ。あれは、はっきり言って、神様が要らない体制なんです。

一部、国王がまだ生き残っとるところもあるけども、だいたい神様が要らない制度で、「ギロチン政治」の延長に全部あるんだってことですよ。

ギロチンを始めたのはフランスなんですよ！　「責任取れ」っていうんだ。神様をギロチンにした責任を取りなさいっていうことですよ！（机を小刻みに叩きながら）その罪は残ってる。「原罪」があるんだっていうことを、今、教えてやってるの。

綾織　はい、そのとおりです。その意味では、毒されているところはあると思います。

ムハンマド　ああ、毒されてますねえ。毒されてる。

だからねえ、まあ、近代の、今、あなたががたが教育で受けたやつは、もう一回転生輪廻して全部洗い流さないと、もうすぐ駄目になるよ。だから、あなたは、来世では、ガザ地区辺りで石でも投げとりゃあいいのよ。

綾織　（苦笑）イスラム圏でも、もう少し近代化できればよいとは思います。

自分が悪人のように聞こえることに異を唱えるムハンマド

ムハンマド　まあ、今は、ちょっと見下げられてるから、悔しくてしょうがないんでねえ。うーん……、まあ、アメリカは、ちょっと、あいつを反省させてやりたいな。なんで、勝てなかったんだ？　この前（第二次大戦のことを指すと思われる）。ええ？

綾織　そうですね。

ムハンマド　うーん。沖縄なんか、アメリカの基地移転反対って言うなら、ちゃんと襲えよ。ええ？　普天間基地を夜襲したらいいのよ、インディアンみたいに。ねえ？　負けたら、それまでだ。それは知らん。それは知らんけど。

綾織　そういう気持ちは、受け止めたいと思っています。

ムハンマド　いやあ、なんかねえ、男らしくないわ。

綾織　はい。

ムハンマド　このままではいかんねえ。やっぱり、もうちょっと男らしく行かないといかんねえ。アッラーの一神教で行きなさい。そうしたら強くなるから。

綾織　信仰の優位、価値と、戦う気持ちですね。

ムハンマド　日本の神様は、ヒョコヒョコと、体育館にお見舞いに行ったりして、なんかねえ、情けない神様がウロウロしてるからさあ。あれは、もう、困るのよ。ああいうのをアッラーと一緒にしないでいただきたいね。

綾織　そういう気持ちの部分、精神的な部分は、しっかりと受け止めさせていただきます。

ムハンマド　（舌打ち）チェッ！　今日は、ちょっと無駄仕事になったかなあ、本当になあ。

（聴聞席に向かって）里村、なんで（質問者として）出てこんのだあ？　おまえは、もうちょっと偉くなれよ、本当に。

里村　すみません。

ムハンマド　ええ？　もう、物語が全然できないじゃないか、これ。ストーリーが。私が、ものすごく悪人みたいに聞こえたじゃないか。

市川　ムハンマド様から、すごく情熱的な信仰を、私は感じ取らせていただきました。

「グローバリズム」の名の下に、イスラムを踏み砕くことは「許さない」

ムハンマド　感じてくれた？

市川　ええ。要は、「いわゆるグローバリズムが、世界のキリスト教化ではない」という……。

ムハンマド　そうなんだよ。間違(まちが)いなんですよ。

市川　ええ。非常に多元的な世界で……。

ムハンマド　だから、イスラムを「グローバリズム」の名の下(もと)に踏(ふ)み砕(くだ)こうとして、トラクターみたいなのでグワーッとやろうとしてるから、抵抗(ていこう)してるんであってねえ……。（武川を見て）あくびしたんじゃないだろうね？　今。

武川　違います。

ムハンマド　神の前であくびしたら、処刑だからねえ。

武川　違います。

ムハンマド　そうかい？　よし。それならいい。グローバリズムが間違ってるから、あれを直したい。「信仰なきグローバリズム」なんて、まったく無意味ですよ。だから、「人権外交」でしょ？　もう人権、人権、人権、人権で……。まあ、中国ぐらいにならいってもいいと思うよ。

綾織　はい。

ムハンマド　中国では、人間よりも、〝パンダの人権〟のほうが上かもしれないから、中国あたりには言ってもいいかもしれんけどね。われらみたいな先進国に言うなよっていうのよ、本当ねえ。

神様の歴史は、こちらのほうが、もう、はるかに古いんだから。「二百年ばかりの国に言われたくないわ」というところだね。自分らだって、迫害されて逃げていったくせにさあ。なんか、ちょっとねえ……。

「アメリカの繁栄は、一時的なバブルだ」

ムハンマド　あれ（アメリカ）は、なんで急に、あんなに偉くなったんだろう？本当に。理由を説明してほしいわ。アメリカのどこに神様が……。どこの神様がおるの？

綾織　それは、ある程度、神様の恩恵はあるとは思います。

ムハンマド　アッラーの神は、アメリカにもおるんかねえ？

綾織　アメリカの繁栄(はんえい)をよしとする神様がいると思います。

ムハンマド　あれはバブルだよ、一時的な。

綾織　なるほど。

ムハンマド　うん。一時的なバブルだよ。

綾織　そうかもしれません。

ムハンマド　うーん。今、日本が鯨(くじら)を食べられないのは、アメリカのせいだからね。

綾織 （笑）そうですね。

ムハンマド ペリーたちが、もう、鯨を捕りまくって、脂を絞りまくってね、ロウソクの灯にしようと思って捕っとった。そのせいで、今は、鯨の肉が食べれんのだからね。君らは被害者なんだからね。うーん、まあ、よく覚えといたほうがいいよ。

綾織 はい。

「新しい名前の神様を拝むのは、難しい」

市川 私たち、ハッピー・サイエンスは、今、ニュー・ワールド・オーダー、新しい世界秩序づくりに走っております。

ムハンマド　うん。

市川　ぜひ、ムハンマド様からも、いろいろ……。

ムハンマド　うーん。まあ、資金援助（えんじょ）をよろしく頼（たの）むわ。

市川　はい。

綾織　ぜひ、協力できるところをつくっていきたいと思います。

ムハンマド　「エル・カンターレ」とか、あんまり知られてないから、もうそろそろ名前を変えようか。

綾織　いやいや。

ムハンマド　そろそろ改名したほうがいいよ。

綾織　イスラム圏でも、徐々(じょじょ)に広がりつつあります。

ムハンマド　まあ、「ニュー・アッラー」ぐらいだったらいいんじゃないか。

綾織　(笑)そういう名前で説明してもいいと思います。

ムハンマド　もうねえ、分かりやすいほうがいいよ。なるべくね。

綾織　はい。そういう説明の仕方はいいと思います。

ムハンマド　「アッラー・ナンバーワン」とかさあ（会場笑）。

綾織　はい。そうですね（笑）。

ムハンマド　ええ。ちょっと、分かりやすくしてほしいなあ。新しい神様を拝むのは、難しいのよ。

綾織　なるほど。

ムハンマド　うーん。

綾織　では、そうしたことも取り入れながら、やっていきたいと思います（笑）。

「今日はちょっと頭にきているんだ」と繰り返すムハンマド

ムハンマド　今日のはまずかったかなあ。君らの欧米伝道は、ますます難しくなるだろう。まあ、諦めなさい。だから、黄色人種の世界を、一生懸命に伝道しなさい。もう、しかたない。

綾織　「ムハンマド様のお考えはこうだ」ということについては、非常に分かりました。

ムハンマド　いや、私は、もっと冷静沈着、冷静な人間なんですけれども、「今は、ちょっと頭にきてるんだ」っていうことだけは……。

「ムハンマドが泣いてる風刺画なんてものを、一時間も並んで買い集めるなんてことは、上から天使の軍団に矢で射かけられて、皆殺しにされたって、文句は言えんのだ。宗教的には、そういうことだからな」っていうことを知っていただきたいね。

武川　イスラムの方々の信仰の純粋さや、透明さなどというのは、よく存じていますので、ぜひ、それを一緒にしていきたいと思います。

ムハンマド　イスラムで（欧米に）迎合しているやつもいるけどね。そういうやつらは、もう破門だからね。はっきり言って、そんなもの。「破門」っていうか、もう本当に追い出してやりたいぐらいだ。そらあ、そんなねえ、欧米にゴマをすって、商売上の利益を得ようとしてるやつら。

だから、「議会制民主主義」なんていうのは、こんなの神様のない国の方便なんだからさあ。そんなものに屈するなよ、本当に。チェッ（舌打ち）。

綾織　はい。今日は、少し熱くなっているときのムハンマド様ということで……。

ムハンマド　ああ、もう駄目だな。これは、もう無駄仕事をした……。（演題を見て）「ムハンマドよ、パリは燃えているか。」？　何を言ってる！「燃やす」んだよ！　なあ？

綾織　はあ。

ムハンマド　くだらん！　くだらねえっ！

綾織　はい。

「信仰（しんこう）を立てないと、日本はもう終わりだよ」

市川　今日は、熱い思いも感じ取らせていただきまして、非常に貴重なお時間を頂きました。

ムハンマド　本気か？

市川　非常に貴重でございます。

ムハンマド　本気か？

武川　はい。ものすごく勉強になりました。

ムハンマド　本気ならいいわ。あのねえ、「信仰の優位」っていうのは、そんな、「言論」だの、「表現」だの、くっだらねえし、その他、「憲法に書いてある人権なんか、こんなの、もう相手にならないぐらい、大きなもんだ」っていうことを知らなきゃいけないよ、君らはねえ。

君らも、変てこりんな全体主義国家のなかに、日本が移動しようとしつつあるんだから。まあ、そのうちに、中国人の奴隷にされるんだろうからさあ。しっかり信仰を立てないと、もう終わりだよ。もうすぐ終わるからねえ。いいかい？

武川　それについては、心に留めておきます。

ムハンマド　ええ？　もう「イスラエルが勝手に入ってきて、国を建てた」みたいにねえ、あんなことやられるから。勝手に、「ここは中国地域になる。中国地方って自分たちで名前付けたんですから、ここは中国のものです」とか言うよ！　あそこは！　沖縄の次は。

「『中国地方』って、『中国のものだ』と、自分で名前を付けてるじゃないの？何言ってんのよ」って言って。そういう国なんだからねえ。

綾織　はい。

ムハンマド　え？　信仰を持っていないと勝てないよ、本当に。

綾織　はい。そこは、もう「どれだけ信仰の価値を私たちが発信するか」によると思います。

ムハンマド　うん。うん、うん、うん、うん。まあ、信仰を持っている者は、もう少し強くないといかんわなあ。

綾織　はい。

ムハンマド　だから、「表現の自由のために」なんていうのは、情けない、もう。パリから始まったもので、いいものなんか何にもないから、本当にねえ。もう堕落しかない。人類の堕落しかないからさあ。少し反省していただきたいですなあ。

〝新しいソドムとゴモラ〟だ。あそこはな。そう思うね。

そのうち、もう〝硫黄の火〟が降るよ、きっとねえ。そう思う。

まあ、日本も少し降りかかってるから、今、気をつけたほうがいいけどね。

綾織　そうですね。

ムハンマド　うーん。まあ、私の言ったことは、ほとんど役に立たないけども、「信仰が大事だ」っていうことだけを括り出して、出してくれたら、それでいいから。

●ソドムとゴモラ　『旧約聖書』（創世記）に記された退廃的な商業都市の名前。ヤハウェの裁きによって、天から火が降り、地獄の業火で焼き尽くされたといわれる。

綾織　はい。

ムハンマド　はい！

綾織　そうですね。ありがとうございます。

12　かなり過激だった今回のムハンマドの霊言

大川隆法　（手を二回叩く）何か、今日は熱かったですね。やはり腹が立っているようです。

綾織　そうですね。

大川隆法　かなり腹が立っているので……。

綾織　かなりストレートに、それが出た状態でしたね。

大川隆法　出ましたね。「ムハンマドが涙を流して懺悔しているところを風刺画にして、五百万部刷った」ということに対して〝怒り心頭〟ということでしょう。

綾織　はい。そうですね。

大川隆法　やはり、その意味では、「イスラムの多数は、こうなのだろう」と思いますが……。

綾織　風刺画自体には、イスラム教徒のみなさんも、やはり、怒っていらっしゃいますので。

大川隆法　まあ、「十数人が死んだ」ということについては、問題はあるのかもしれませんが、「『あちらが殺している数は、そんなものではない』ということを君らは十分、知っていないよ」ということも言ってはいるわけです。

綾織　はい。そうですね。

大川隆法　サダム・フセインの死刑については、要するに、「最初に、（アメリカが）攻撃する理由が実はなかった」ということに、今はなっているので、「実は、攻撃したほうに国際的責任があるのではないか。そこがフェアに裁かれていない」ということを「おかしい」と言っているわけです。いろいろと思っていることはあるようです。

過激です。注釈付きか、伏せ字、あるいは、「ここの部分は袋を破って読んでください」というようにしないかぎりは、駄目かもしれません。一般に立ち読みされるとまずい内容が多いかもしれないです。

「ムハンマドは、涙を流してはいなかった」というのが結論です。以上です（手を一回叩く)。

一同　ありがとうございます。

あとがき

近代法の人権の価値観と、宗教上の信仰の重要性を調和するのは、なかなか難しい。

信仰をベースにして法律上人権を護ろうとするものもあれば、宗教など無視して議会の多数決で形式的に法律が決まってしまう場合もあるからである。

また宗教間で相手の教えを悪魔の教えと名指しする場合もある。冗談ではなく、歴史上、エジプトの神々も、ギリシャの神々も、ローマの神々も滅ぼされていったのだから、神々も大変なのである。二～三世紀頃、一代で世界宗教になったマニ教も、過去の宗教であるゾロアスター教に滅ぼされ、キリスト教側からはアウグスチヌスの回心の『告白』が出ているくらいである。

日本神道も先の大戦では、消滅の危機を経験した。

ここ、二、三百年の「啓蒙時代」「科学の時代」だけの考えで、宗教への価値判断を軽々に下すべきではないと信じる。

二〇一五年　一月十六日

幸福の科学グループ創始者兼総裁　大川隆法

『ムハンマドよ、パリは燃えているか。——表現の自由vs.イスラム的信仰——』大川隆法著作関連書籍

『黄金の法』（幸福の科学出版刊）
『「週刊新潮」に巣くう悪魔の研究』（同右）
『徹底霊査「週刊新潮」編集長・悪魔の放射汚染』（同右）
『人間失格——新潮社 佐藤隆信社長・破滅への暴走』（同右）
『「仏説・降魔経」現象編——「新潮の悪魔」をパトリオットする』（同右）
『イラク戦争は正しかったか』（同右）
『イスラム過激派に正義はあるのか』（同右）
『ムハンマドの幸福論』（同右）
『中東で何が起こっているのか』（同右）

『世界紛争の真実』（同右）

※左記は書店では取り扱っておりません。最寄りの精舎・支部・拠点までお問い合わせください。

『第一イザヤ、第二イザヤの謎を解く』（宗教法人幸福の科学刊）

『宗教文明の激突』（同右）

『この戦争をどう見るか』（同右）

『「ヤハウェ」「エホバ」「アッラー」の正体を突き止める』（同右）

ムハンマドよ、パリは燃えているか。
――表現の自由VS.イスラム的信仰――

2015年1月17日　初版第1刷

著　者　大川隆法

発行所　幸福の科学出版株式会社
〒107-0052 東京都港区赤坂2丁目10番14号
TEL(03)5573-7700
http://www.irhpress.co.jp/

印刷・製本　株式会社 東京研文社

ISBN978-4-86395-637-7 C0030

写真：AP/アフロ

大川隆法シリーズ・**最新刊**

実戦起業法

「成功すべくして成功する起業」を目指して

起業を本気で目指す人、必読！　事業テーマの選択や人材の養成・抜擢の勘所など、未来の大企業をつくりだす「起業論」の要諦が、この一冊に。

1,500円

アリストテレスはかく語りき

万学の祖に訊く「学問の原点」

形骸化しつつある現代の学問に、いま再び真理の息吹を――。万学の祖・アリストテレスは、「学問の未来」をどのように考えるのか。

1,500円

ヘーゲルに聞いてみた

ドイツ観念論哲学の巨人が「現代」を語る

大学教育、国際情勢、人口問題、知識社会の未来……。現代が抱える諸問題について、ドイツ観念論哲学の大成者が縦横無尽に答える。

1,500円

幸福の科学グループのご案内

宗教、教育、政治、出版などの活動を通じて、地球的ユートピアの実現を目指しています。

宗教法人　幸福の科学

一九八六年に立宗。一九九一年に宗教法人格を取得。信仰の対象は、地球系霊団の最高大霊、主エル・カンターレ。世界百カ国以上の国々に信者を持ち、全人類救済という尊い使命のもと、信者は、「愛」と「悟り」と「ユートピア建設」の教えの実践、伝道に励んでいます。

（二〇一五年一月現在）

愛

幸福の科学の「愛」とは、与える愛です。これは、仏教の慈悲や布施の精神と同じことです。信者は、仏法真理をお伝えすることを通して、多くの方に幸福な人生を送っていただくための活動に励んでいます。

悟り

「悟り」とは、自らが仏の子であることを知るということです。教学や精神統一によって心を磨き、智慧を得て悩みを解決すると共に、天使・菩薩の境地を目指し、より多くの人を救える力を身につけていきます。

ユートピア建設

私たち人間は、地上に理想世界を建設するという尊い使命を持って生まれてきています。社会の悪を押しとどめ、善を推し進めるために、信者はさまざまな活動に積極的に参加しています。

海外支援・災害支援

国内外の世界で貧困や災害、心の病で苦しんでいる人々に対しては、現地メンバーや支援団体と連携して、物心両面にわたり、あらゆる手段で手を差し伸べています。

自殺を減らそうキャンペーン

年間約３万人の自殺者を減らすため、全国各地で街頭キャンペーンを展開しています。

公式サイト www.withyou-hs.net

ヘレンの会

ヘレン・ケラーを理想として活動する、ハンディキャップを持つ方とボランティアの会です。視聴覚障害者、肢体不自由な方々に仏法真理を学んでいただくための、さまざまなサポートをしています。

公式サイト www.helen-hs.net

教育

学校法人 幸福の科学学園

学校法人 幸福の科学学園は、幸福の科学の教育理念のもとにつくられた教育機関です。人間にとって最も大切な宗教教育の導入を通じて精神性を高めながら、ユートピア建設に貢献する人材輩出を目指しています。

幸福の科学学園

中学校・高等学校（那須本校）
2010年4月開校・栃木県那須郡（男女共学・全寮制）
TEL 0287-75-7777
公式サイト happy-science.ac.jp

関西中学校・高等学校（関西校）
2013年4月開校・滋賀県大津市（男女共学・寮及び通学）
TEL 077-573-7774
公式サイト kansai.happy-science.ac.jp

ハッピー・サイエンス・ユニバーシティ（HSU）
TEL 03-6277-7248（HSU準備室）

仏法真理塾「サクセスNo.1」 TEL 03-5750-0747（東京本校）
小・中・高校生が、信仰教育を基礎にしながら、「勉強も『心の修行』」と考えて学んでいます。

不登校児支援スクール「ネバー・マインド」 TEL 03-5750-1741
心の面からのアプローチを重視して、不登校の子供たちを支援しています。
また、障害児支援の**「ユー・アー・エンゼル!」運動**も行っています。

エンゼルプランV TEL 03-5750-0757
幼少時からの心の教育を大切にして、信仰をベースにした幼児教育を行っています。

シニア・プラン21 TEL 03-6384-0778
希望に満ちた生涯現役人生のために、年齢を問わず、多くの方が学んでいます。

NPO 活動支援

学校からのいじめ追放を目指し、さまざまな社会提言をしています。また、各地でのシンポジウムや学校への啓発ポスター掲示等に取り組む一般財団法人「いじめから子供を守ろうネットワーク」を支援しています。

公式サイト mamoro.org
相談窓口 TEL.03-5719-2170
ブログ blog.mamoro.org

幸福実現党

内憂外患（ないゆうがいかん）の国難に立ち向かうべく、二〇〇九年五月に幸福実現党を立党しました。創立者である大川隆法党総裁の精神的指導のもと、宗教だけでは解決できない問題に取り組み、幸福を具体化するための力になっています。

党員の機関紙
「幸福実現NEWS」

TEL 03-6441-0754
公式サイト hr-party.jp

出版
メディア
事業

幸福の科学出版

大川隆法総裁の仏法真理の書を中心に、ビジネス、自己啓発、小説など、さまざまなジャンルの書籍・雑誌を出版しています。他にも、映画事業、文学・学術発展のための振興事業、テレビ・ラジオ番組の提供など、幸福の科学文化を広げる事業を行っています。

アー・ユー・ハッピー?
are-you-happy.com

ザ・リバティ
the-liberty.com

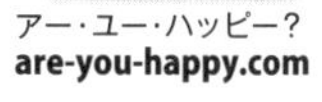

幸福の科学出版
TEL **03-5573-7700**
公式サイト **irhpress.co.jp**

ザ・ファクト
マスコミが報道しない
「事実」を世界に伝える
ネット・オピニオン番組

Youtubeにて
随時好評配信中!